Hippolyt Julius Haas

Monographie der Rhynchollen der Juraformation von Elsass-Lothringen

Hippolyt Julius Haas

Monographie der Rhynchollen der Juraformation von Elsass-Lothringen

ISBN/EAN: 9783744624411

Hergestellt in Europa, USA, Kanada, Australien, Japan

Cover: Foto ©Suzi / pixelio.de

Weitere Bücher finden Sie auf **www.hansebooks.com**

MONOGRAPHIE

DER

RHYNCHONELLEN

DER

JURAFORMATION

VON

ELSASS-LOTHRINGEN.

Mit einem Atlas von 7 Tafeln.

Inaugural-Dissertation

zur Erlangung der philosophischen Doctorwürde

an der Grossherzogl. Badischen Ruprecht-Carl-Universität Heidelberg

von

HIPPOLYT HAAS

aus Stuttgart

(Separatabdruck aus den Abhandlungen zur geologischen Spezialkarte
von Elsass-Lothringen. Band II. Heft II.)

STRASSBURG,
Druck von R. Schultz u. Comp.
1881.

EINLEITUNG.

Vorliegende Arbeit bildet den ersten Theil einer Monographie der Brachiopoden der Juraformation von Elsass-Lothringen, deren Bearbeitung mir, mit Ausnahme der Linguliden, von Herrn Professor BENECKE in Strassburg freundlichst anvertraut worden ist. Der zweite Theil wird die Terebratuliden und Spiriferiden umfassen und im Laufe des Sommers fertig gestellt sein.

Das in dieser Arbeit beschriebene Material befindet sich zum Theil in der Strassburger Universitäts- und städtischen Sammlung und in derjenigen der geologischen Landesanstalt von Elsass-Lothringen. Der andere Theil wurde mir von Herrn Abbé FAIREN in Montigny bei Metz, der mir die Schätze seiner ausgezeichneten Sammlung mit der grössten Liebenswürdigkeit zur Verfügung stellte, geliefert. Es sei mir vergönnt, diesem Herrn hier verbindlichst für die Bereitwilligkeit zu danken, mit welcher derselbe meinen Zwecken entgegengekommen ist.

Herr Professor ROSENBUSCH gestattete mir freundlichst die Untersuchung einiger zum Vergleich herbeigezogener Stücke aus der Gegend von Langenbrücken (Baden), welche der geologischen Sammlung der Universität Heidelberg gehören. Herr Professor BENECKE ermöglichte mir die ausgedehnteste Benützung der Hülfsmittel des ihm unterstellten Universitätsinstituts und machte mir insbesondere die fast vollständige Benützung der einschlägigen Litteratur möglich. Hierfür, sowie für manchen Rath bei der Ausführung meiner Arbeit bin ich demselben zum grössten Dank verpflichtet.

Die Abbildungen sind, mit nur wenigen Ausnahmen, von Herrn FASSOLI in Strassburg gezeichnet und lithographirt. Die Fig. 7—8 auf Taf. II und Fig. 1—2 auf Taf. VI verdanke ich der Freundlichkeit des Herrn Professor ZITTEL, welcher deren Herstellung nach den OPPEL'schen

Originalstucken in der Universitätssammlung zu München durch Herrn
SCHLOTTERBECK gütigst veranlasst hat.

Die bei dieser Arbeit zu Rathe gezogene Litteratur ist weiter unten,
chronologisch geordnet, angeführt. Die Bezeichnung der einzelnen Theile
der Rhynchonellidenschalen wurde dem ZITTEL'schen Handbuche Band I,
S. 648 ff. entnommen.

Da, wo es irgendwie anging, war ich bemüht, die in Elsass-
Lothringen gefundenen Formen in den Rahmen der schon bestehenden
Nomenclatur einzufügen; andererseits habe ich mich freilich genöthigt
gesehen, gewisse Benennungen, wie z. B. *Rhynchonella variabilis* u. a.,
die zu Verwirrungen ohne Ende führen, ganz bei Seite zu lassen, weil es
nicht möglich ist, festzustellen, was der Autor unter denselben verstanden
wissen wollte.

Die Aufstellung einiger neuer Namen war nicht zu umgehen. Ein
sorgfältiges Vergleichen der vorliegenden Formen mit den Stücken der
Strassburger Sammlungen und mit guten Abbildungen massgebender
Monographieen führte zu der Ueberzeugung, dass nur auf diesem Wege
Klarheit in die Darstellung zu bringen sei.

Um etwas Absolutes, um eine »gute Art« im alten Sinne, handelt es
sich in diesen Fällen freilich nicht; vielmehr liegen dann entweder
locale Modificationen schon aus anderen Gebieten beschriebener Formen
vor, oder es sind Mittelglieder von Formenreihen mit entfernt stehenden
Endgliedern in fassbarer Weise zu fixiren.

Als eine Hauptaufgabe wurde es betrachtet, die Uebergänge der
einen Form in die andere, also die wahrscheinliche Verwandtschaft, festzustellen. Es ist dies auch in einer Anzahl von Fällen, wo Material in
genügender Menge vorhanden war, gelungen, und es darf mit Sicherheit
vorausgesetzt werden, dass sich nach Aufsammlung reicheren Materials
noch mehr solcher Uebergänge werden feststellen lassen.

Als Anhalt für die Reihenfolge der Beschreibung wurde die geologische Aufeinanderfolge gewählt. Die Zusammenfassung von Formenreihen, wie die der *Rhynchonella spinosa* SCHL. sp., der *Rhynchonella
oligacantha* BRANCO, der *Rhynchonella tenuispina* WAAGEN und anderer
erschien dann um so naturgemässer, wenn das geologische Alter der
einzelnen Glieder kein zu verschiedenes war.

Abkürzungen:

L. S. bedeutet: geologische Landessammlung von Elsass-Lothringen.

F. S. » Sammlung des Herrn Abbé FAUDEL.

U. S. » Sammlung der Universität Strassburg.

S. S. » Sammlung der Stadt Strassburg.

H. U. S. » Sammlung der Universität Heidelberg.

G. S. » Sammlung des Herrn Dr. GREPPIN (jetzt der geologischen Landes-sammlung von Elsass-Lothringen einverleibt).

———

Wo bei der Beschreibung der Arten unter den Citaten kein Speziesname angeführt ist, hat der betreffende Autor stets den von mir vorangestellten Namen benutzt. Bedient sich der citirte Autor eines anderen Namens, so ist derselbe dem Citat beigefügt. Es bedeutet z. B. S. 2 oben: »1871 BRAUNS, Unterer Jura. pag. 439. *Rhynchonella calcicosta* QUENST. sp.« dass BRAUNS meine *Rhynchonella plicatissima* als *Rhynchonella calcicosta* QUENST. sp. aufführt.

———

VERZEICHNISS DER BENUTZTEN LITTERATUR.

1812—29. J. SOWERBY. The Mineral conchology of Great-Britain.

1813. VON SCHLOTHEIM. Beiträge zur Naturgeschichte der Versteinerungen etc.

1820. Derselbe. Die Petrefactenkunde auf ihrem jetzigen Standpunkte etc.

1833. THIRRIA. Statistique minéralogique et géologique du département
de la Haute-Saône.

1832—34. C. VON ZIETEN. Die Versteinerungen Wurttembergs.

1834. L. VON BUCH. Ueber Terebrateln, und ein Versuch, sie zu classi-
fiziren. (Die deutsche Ausgabe erschien in den Abhandlungen
der kgl. preussischen Academie der Wissenschaften, die
französische, von Le Cocq übersetzt, in den Mémoires de la
Société géologique de France, 1838, 1re série, 3e vol.)

1835—36. PHILLIPS. Illustrations of the Geology of Yorkshire.

1835—36. F. A. ROEMER. Die Versteinerungen des norddeutschen Oolithengebirges.

1837. C. FRÖMHERZ. Die Juraformation des Breisgaues.

1837. PUSCH. Die Paläontologie Polens.

1837. BRONN. Lethaea geognostica.

1839. F. A. ROEMER. Nachtrag zu den Versteinerungen des norddeutschen
Oolithengebirges.

1843. F. A. QUENSTEDT. Das Flözgebirge Wurttembergs.

1848. BRONN. Index palaeontologicus.

1849. A. D'ORBIGNY. Prodrome.

1851—55. F. CHAPUIS ET G. DEWALQUE. Les terrains secondaires du
Luxembourg, etc. (Mémoires de l'Académie royale de Belgique.
Bd. XXV.)

1852. F. A. QUENSTEDT. Handbuch der Petrefactenkunde.

1852. TH. DAVIDSON. A monograph of british oolitic and liasic Brachiopoda. (British palaeontographical society. 1852.)

1854. Derselbe. Appendix to vol. I der vorstehenden Arbeit. (British palaeontographical society. 1854.)

1853. Deslongchamps. Notes présentées à l'Institut des provinces sur quelques nouveaux Brachiopodes du Lias.

1853. Oppel. Der mittlere Lias Schwabens.

1856. Suess. Classification der Brachiopoden. (Nach Davidson. Bd. 1 der oben angeführten Arbeit.)

1856. O. Terquem. Paléontologie du système liasique inférieur du Luxembourg et de Hettange. (Société géologique de France, 2ᵉ série, t. 5, 3ᵉ mémoire.)

1858. P. Chapuis. Nouvelles recherches sur les fossiles des terrains secondaires du Luxembourg. (Mémoires de l'Académie royale de Belgique. XXXIII.)

1858. F. A. Quenstedt. Der Jura.

1859. Oppel. Die Juraformation Englands, Frankreichs und des südwestlichen Deutschlands.

1861. Trautschold. Der Moskauer Jura, verglichen mit dem westeuropäischen. (Zeitschrift der deutschen geologischen Gesellschaft. Bd. XII. pag. 358.)

1861. Oppel. Ueber die Brachiopoden des unteren Lias. (Zeitschrift der deutschen geologischen Gesellschaft. Bd. XIII. pag. 529.)

1862. Deslongchamps. Études critiques sur des Brachiopodes nouveaux ou peu connus.

1863. U. Schloenbach. Ueber den Eisenstein des mittleren Lias im nordwestlichen Deutschland. (Zeitschrift der deutschen geologischen Gesellschaft. Bd. XV. pag. 465.)

1863. W. Waagen. Ueber den Jura in Franken, Schwaben und der Schweiz.

1864. C. von Seebach. Der Hannover'sche Jura.

1865. O. Terquem et E. Piette. Le Lias inférieur de l'Est de la France. (Mémoires de la Société géologique de France, 2ᵉ série, t. 8, 1ᵉʳ mémoire.)

1866. O. Terquem et E. Jourdy. Monographie de l'étage bathonien dans le département de la Moselle. (Mémoires de la Société géologique de France, 2ᵉ série, t. 9, 2ᵉ mémoire.)

1867. W. Waagen. Ueber die Zone des Ammonites Sowerbyi. (Benecke, Geognostisch-palaeontologische Beiträge. Bd. 1. pag. 507.)

1867. F. A. Quenstedt. Handbuch der Petrefactenkunde. 2. Aufl.

1869. D. Brauns. Der mittlere Jura im nordwestlichen Deutschland.

1869. Proceedings of the Yorkshire naturaliste Club for the year 1869.

1870. Walker. Rhynchonella from the Bradford-Clay. (Geological magazine, vol. VII, pag. 562.)

1870. J. G. Greppin. Le Jura bernois et districts adjacents. (Matériaux pour la carte géologique de la Suisse, vol. VIII.)

1871. D. Brauns. Der untere Jura im nordwestlichen Deutschland.

1871. F. A. Quenstedt. Petrefactenkunde Deutschlands: Die Brachiopoden.

1874. Dumortier. Études paléontologiques sur les dépôts jurassiques du Bassin du Rhône.

1875. R. Lepsius. Beiträge zur Kenntniss der Juraformation im Elsass.

1878. Davidson. A monograph of the british fossil brachiopoda. Supplement to the jurassic and triassic species. (British palaeontographical society. 1878.)

1879. Branco. Der untere Dogger von Deutsch-Lothringen. (Abhandlungen zur geologischen Spezialkarte von Elsass-Lothringen. 2. Bd., 1. Heft.)

1879. L. Sorby. Microscopical structure of shells, etc. (Quart. Journ. geolog. Society. Bd. XXXV. Proc. pag. 56.)

1879. L. Szajnocha. Die Brachiopodenfauna der Oolite von Balin bei Krakau. (Denkschriften der k. k. Academie der Wissenschaften zu Wien. Bd. XLI.)

1879. V. Uhlig. Ueber die liasische Brachiopodenfauna von Sospirolo bei Belluno. (Sitzungsberichte der k. k. Academie der Wissenschaften zu Wien. LXXX. Bd.)

1880. Zittel. Handbuch der Paläontologie. Bd. I. Brachiopoden. S. 611.

1881. A. Zugmayer. Untersuchungen über rhätische Brachiopoden. (Mojsisovics und Neumayer. Beiträge zur Paläontologie von Oesterreich-Ungarn. Bd. I. pag. 1.)

Rhynchonella, Fischer von Waldheim 1809.

Die Rhynchonellen des Lias.

Rhynchonella plicatissima Quenst. sp.
Rhynchonella belemnitica Quenst. sp.
Rhynchonella Deffneri Oppel.
Rhynchonella gryphitica Quenst. sp.
Rhynchonella Schimperi nov. sp.
Rhynchonella nov. sp.
Rhynchonella rimosa Buch sp.
Rhynchonella furcillata Theodori sp.
Rhynchonella oxynoti Quenst. sp.
Rhynchonella calcirosta Quenst. sp.
Rhynchonella rostellata Quenst. sp.
Rhynchonella triplicata Quenst. sp.
Rhynchonella curviceps Quenst. sp.
Rhynchonella amalthei Quenst. sp.
Rhynchonella Beneckei nov. sp.
Rhynchonella Rosenbuschi nov. sp.
Rhynchonella Steinmanni nov. sp.
Rhynchonella scalpellum Quenst. sp.
Rhynchonella acuta Quenst. sp.

Rhynchonella plicatissima Quenst. sp. 1852.

Taf. I, Fig. 1—3. 7—8.

1852. Quenstedt. Handbuch. pag. 451. Taf. 36. Fig. 3.
1858. Derselbe. Jura. pag. 73 und 99. Taf. 12. Fig. 15.
1859. Oppel. Jura. pag. 123.
1861. Derselbe. Brachiopoden des untern Lias. pag. 535.
1867. Quenstedt. Handbuch. 2. Aufl. pag. 539. Taf. 46. Fig. 3.

1

2

1867. Dumortier. Dépôts jurassiques, etc., vol. II. pag. 229.
1870. Greppin. Jura bernois. pag. 22.
1871. Quenstedt. Brachiopoden. pag. 47. Taf. 37—10 und 51—57.
1871. Brauns. Unterer Jura. pag. 439. *Rhynchonella calcicosta* Quenst. sp.
1878. Davidson. Supplément. pag. 221. (Fig. 31 auf Taf. 28 ist eine
Copie von *Rhynchonella plicatissima* Quenst. sp. in Quenstedt. Handbuch. 1852. Taf. 36. Fig. 3 und 1867. Taf. 46.
Fig. 3.)

Brauns sowohl, als auch Davidson lassen diese Spezies nicht
gelten, werfen sie vielmehr mit der nachher zu besprechenden *Rhynchonella calcicosta* Quenst. sp. zusammen. Berücksichtigt man jedoch,
was Quenstedt, Brachiopoden pag. 51. sagt, so kann von einer Identifi-
cirung beider Formen keine Rede sein.

Es treten zwei extreme Formen auf, eine längliche und
eine breite, welche dem Lager nach ziemlich scharf getrennt
sind. — Die Erstere ist nur auf die Zone des *Belemnites brevis*
beschränkt, die Letztere findet sich in den tieferen Schichten,
kommt aber noch, wenn auch sehr selten, mit den länglichen
Exemplaren zusammen vor. Uebergänge zwischen beiden Formen
sind beobachtet.

Die mehr in die Breite gezogene Form ist in den Angu-
latusschichten und dem unteren Gryphitenkalke sehr häufig, ja
sogar charakteristisch für denselben; doch sind gute Exemplare
selten, da die Schalen beinahe durchweg zerdrückt sind. —
Das häufigste Vorkommen ist ca. 10 Millimeter breit und ca.
7—8 Millimeter lang. Die Wirbelspitze ist ziemlich stark übergebogen, das Deltidium ist umfassend, die Arealkanten sind
scharf. Die kleine, ziemlich gewölbte Schale ist mit 13—15
scharfkantigen Rippen geziert, von denen 3—5 auf den Wulst
kommen. Letzterer ist sehr stark ausgeprägt. Die Mehrzahl
der Rippen verliert sich etwa auf der Höhe des 3. oder 4.
Viertels der Schale, vom Stirnrande an gerechnet. In den

weniger häufigen Fällen reichen dieselben noch als feine Streifen bis zum Wirbel hinan.

Die grosse Schale weist 12—14 ebenfalls sehr scharfkantige Rippen auf, von denen 2—5 auf den Sinus kommen. Derselbe ist der Gestaltung des Wulstes entsprechend tief eingeschnitten.

In vereinzelten Fällen wird die Zahl der Rippen auf der grossen Schale grösser, als auf der kleineren. Der Grund hiefür liegt darin, dass an den äussersten Flügelecken der grossen Schale noch je eine neue Rippe auftritt.

Die längliche Form hat eine Länge von ca. 13 Millimeter und ist etwa 10 Millimeter breit. Sie weist durchgängig weniger Rippen auf, als die breite Form; dieselben, 11 an der Zahl, wovon 5 auf dem Wulste stehen, gehen alle bis zur Wirbelspitze hinauf. Die übrigen Verhältnisse sind ebenso wie bei der andern Modification.

Auf die verwandtschaftlichen Beziehungen mit anderen Arten komme ich weiter unten auf Pag. 4 und 13 zu sprechen.

Vorkommen: Unterer Lias, α.

Ober-Elsass: Aue bei Senthelm (Brevisschichten); Reichenweier (Gryphitenkalk).

Unter-Elsass: Waldenheim (Angulatenschichten); Rosheim, Ottrott, Hochfelden, Reichshofen, Wörth (Gryphitenkalk). (L. S.)

Lothringen: Cheminot, Verny, Colombey bei Metz, Hettingen. (Gryphitenkalk); Peltre, Grigy. (Brevisschichten.) (L. S.)

Nachbarländer: Pratteln im Kanton Basel, Lehener Berg bei Freiburg i. B. (G. S.) — Malsch bei Heidelberg. (U. S.)

Rhynchonella belemnitica Qtenst. sp. 1858.

Taf. I, Fig. 4—6. 9—10.

1858. Qcenstedt. Jura. pag. 73. Taf. 8. Fig. 15.
1861. Oppel. Brachiopoden des untern Lias. pag. 535.
1867. Qcenstedt. Handbuch. pag. 539. Taf. 46. Fig. 1.
1871. Derselbe. Brachiopoden. pag. 43. Taf. 37. Fig. 33—36.

Die Grösse variirt sehr. Es gibt kleine Exemplare von einer Länge von 12 Millimeter bei einer Breite von 10 Millimeter und wiederum solche, die 18 Millimeter breit und 19 Millimeter lang siud. Auch Formen, bei welchen die Breite die Länge überwiegt, kommen vor, sind jedoch seltener.

Die kleine Schale ist mit 8—10 scharfkantigen Rippen versehen, von denen bei den kleineren Exemplaren nie mehr als 3, bei den grösseren jedoch bis 5 auf den Wulst kommen. Dieselben verlaufen bis in den Wirbel; bei einigen und zwar meist kleineren Exemplaren bleibt dieser auch glatt.

Die grosse Schale ist mit einem ziemlich ausgesprochenen Sinus versehen, der je nach den Verhältnissen am Wulste 2—4 Rippen trägt. Die Wirbelspitze ist nur wenig über die kleine Schale übergebogen. Das umfassende Deltidium ist nur in wenigen Fällen erhalten. Die Arealkanten sind sehr scharf, die Schlosslinie verläuft fast gerade. Beide Schalen sind nur wenig gewölbt.

Verhältniss zu anderen Arten. Die Beschaffenheit der Wirbelspitze, die schärferen Arealkanten und die bedeutend geringere Anzahl der schärferen Rippen dienen, abgesehen von den grösseren Dimensionen, zur Trennung dieser Art von *Rhynchonella plicatissima* Qcenst. sp. Es kommen jedoch im oberen Gryphitenkalke von Lothringen längliche Exemplare vor, bei welchen der allgemeine Habitus, speziell die mehr lange als breite Form an *Rhynchonella plicatissima* erinnert, während die Bildung des Wirbels und der Rippen auf *Rhynchonella belemnitica* hinweist (cf. QUENSTEDT. Handbuch, 1867. pag. 539). Es muss hier der individuellen Auffassung überlassen bleiben, die betreffenden Formen zu *Rhynchonella belemnitica* oder zu *Rhynchonella plicatissima* zu stellen. (cf. Taf. I, Fig. 7—8.)

Vorkommen: Unterer Lias, α.

Elsass: Bis jetzt noch nicht gefunden.

Lothringen: Cheminot, Verny. (Gryphitenkalk); Peltre, Grigy. (Brevisschichten.) (L. S.) Für die oben erwähnten Zwischenformen Peltre speziell.

Nachbarländer: (?) Lehener Berg bei Freiburg i. B. (G. S.); Malsch bei Heidelberg. (H. U. S.) (Gryphitenkalk.)

Rhynchonella Deffneri OPPEL 1861.
Taf. II, Fig. 1—19.

1861. OPPEL. Brachiopoden des unteren Lias. Z. d. g. G. pag. 535 und die Abbildungen hiezu: 1852. QUENSTEDT. Handbuch. Taf. 36. Fig. 2.

1852. QUENSTEDT. Handbuch. pag. 451. Taf. 36. Fig. 2. *Rhynchonella triplicata juvenis* QUENST. sp.

1867. Derselbe. Handbuch. 2. Auflage. pag. 539. Taf. 46. Fig. 2. *Rhynchonella triplicata juvenis* QUENST. sp.

1871. Derselbe. Brachiopoden. pag. 40 und folg. *Rhynchonella gryphitica* QUENST. sp. und *Rhynchonella gryphitica, var. pilula* QUENST. sp. z. Thl. Taf. 37. Fig. 15—18. 19—21.

1778. DAVIDSON. Supplement. pag. 211. Taf. 28. Fig. 35, 36. *Rhynchonella triplicata var. juvenis* QUENST. sp.

Diese von OPPEL aufgestellte Art hatte QUENSTEDT mit dem Namen «*Terebratula triplicata juvenis*» bezeichnet; auch in der 6 Jahre nach OPPEL's Abhandlung erschienenen 2. Aufl. seines Handbuchs behielt er diesen Namen noch bei. Erst in den 1871 erschienenen Brachiopoden trennte er eine *Terebratula gryphitica juvenis* und *Terebratula gryphitica pilula* von *Terebratula triplicata*. QUENSTEDT fasst nun sehr Verschiedenartiges unter diesen Namen zusammen, was besonders für das Vorkommen in

Schwaben sehr praktisch sein mag, für Elsass-Lothringen aber nicht anwendbar ist. Denn, wenn auch das, was Oppel «Rhynchonella Deffneri» benannt hat, in der Jugend von der eigentlichen Rhynchonella gryphitica und deren Abänderungen kaum zu trennen ist und auch bei den ausgewachsenen Formen allerhand Uebergänge von einer Form in die andere, und sogar noch z. Th. in eine dritte Art, die Rhynchonella Schimperi nov. sp. vorhanden sind, so ist doch die typische ausgewachsene Form der Rhynchonella Deffneri so grundverschieden von den typischen Exemplaren der Rhynchonella gryphitica Quenst. sp., dass man beide Arten unmöglich unter einem Namen vereinigen darf.

Die kleine Schale der Normalform ist fast ganz glatt. Wenn überhaupt Rippung vorhanden ist, so beginnt dieselbe ganz schwach in der Nähe des Scheitels. In vielen Fällen ist auch daselbst nicht die geringste Spur einer Rippenbildung bemerkbar. Am Stirnrande zeigt sich eine starke Einbiegung nach vorne, welche einen ganz glatten Wulst hervorruft. Wenn Berippung vorhanden ist, so sind es meist 2—3, selten 4 scharfkantige Rippen, die den dann öfters sehr stark hervortretenden Wulst zieren und demselben ein etwas eckiges Aussehen geben. Sie verlaufen schon auf der Höhe des ersten Dritttheils der Schale, vom Stirnrande an gerechnet, und der Wirbel bleibt bei allen Formen ganz glatt, während die Flügel eine einzige, aber sehr stark ausgesprochene Rippe aufweisen.

Ist der Wulst glatt, so ist auf dem Sinus ebenfalls nicht die geringste Spur von Berippung zu bemerken. Im andern Fall besitzt derselbe je nach der Beschaffenheit des Wulstes 1—3 ebenfalls sehr scharfkantige Rippen, welche, wie diejenigen des Wulstes, sehr bald verschwinden. Der Schnabel ist sehr spitz und sein sehr starkes Ueberbiegen auf die kleine Schale erlaubt es nicht, über Deltidium und Foramen Beobachtungen anzustellen. Die Arealkanten sind sehr scharf und die Schlosslinie verläuft fast gerade.

Bei den einen starken Wulst bildenden Formen — und es

sind speziell die grossen alten Exemplare, welche die Tendenz hierzu haben — wölbt sich die kleine Schale gleich unter dem Wirbel und fällt dann, fast unter einem rechten Winkel, gegen die Stirne zu ab. Es ist die Regel, dass, je grösser der Wulst ist, je mehr er hervorspringt und dann die Form zur Rundung hinneigt oder an Breite zunimmt, desto mehr auch die Wirbelspitze auf die kleine Schale herabgebogen ist, so dass die grosse Schale plötzlich unter 90° abbricht und die Schnabelspitze in der Mitte eine Kante erhält.

Die Abänderungen unserer Art sind überhaupt so mannigfaltig, dass man viele Tafeln mit den Abbildungen derselben füllen könnte. Taf. II. Fig. 7—8 zeigt einige von Oppel's Originalexemplaren aus der Münchener Sammlung.

Dieselben stammen aus dem untern Lias von Mähringen in Württemberg und unterscheiden sich von unsern Formen durch ihre grössere Breite an der Stirn und durch die höher hinaufreichenden Falten am Wulste, sowie durch das Auftreten von zahlreicheren Rippen an den Flügeln. Es ist wohl dieser ein Aehnlichwerden mit der nachher zu besprechenden *Rhynchonella gryphitica* Quenst. sp. bedingende Umstand, welcher Quenstedt veranlasst hat, beide Formen zusammenzuwerfen.

Die Länge beträgt durchschnittlich 12—13 Millimeter, die Breite 10—11 Millimeter; doch kommen auch Exemplare vor, die ebenso breit, wie lang sind, oder auch solche, bei welchen die Breite die Länge bedeutend überwiegt (cf. Taf. II). Auch abnorme Formen sind nicht selten.

Verhältniss zu anderen Arten. Eine scharfe Grenze zwischen *Rhynchonella Deffneri* und *Rhynchonella gryphitica* Quenstedt's ist in gewissen Stadien der Entwicklung sehr wohl zu ziehen und darum wurden beide getrennt gehalten. Auf Formen, welche der Unterscheidung Schwierigkeiten bereiten, komme ich unten zurück.

Vorkommen: Unterer Lias, α.

Unter-Elsass: Rosheim, Mattenkuppe bei Oberbronn. (Gryphitenkalk); Mühlhausen (diluvial). (L. S.)

Lothringen: Cheminot, St. Jure bei Verny, Verny, Liéhon,
Lemud, Peltre, Grigy, Vallières, überhaupt Umgebung von Metz.
(Gryphitenkalk und Brevisschichten.) (L. S. — F. S.)

Rhynchonella gryphitica Quenst. sp. 1871.

Taf. II, Fig. 20—30.

1871. Quenstedt. Handbuch. pag. 40 ff. Taf. 37. Fig. 11—13, 24—29
und Taf. 40. Fig. 94.
1852. Derselbe. Handbuch. pag. 451. Taf. 36. Fig. 2. *Rhynchonella
triplicata* und *triplicata juvenis* Quenst. sp. z. Thl.
1858. Derselbe. Jura. pag. 73. Taf. 8. Fig. 18—20 und 22. *Rhynchonella
triplicata juvenis* Quenst. sp. z. Thl.
1858. Oppel. Jura. pag. 108. *Rhynchonella variabilis* Schl. sp. z. Thl.
1867. Quenstedt. Handbuch. pag. 539. Taf. 46. Fig. 2. *Rhynchonella
triplicata* und *triplicata juvenis* Quenst. sp. z. Thl.

Bei den typischen Exemplaren trägt der Wulst 2—4
Rippen, ganz ausgewachsene Individuen weisen hie und da
auch 5, seltener 6 Rippen am Wulste auf; jedoch finden sich
nur bei ganz grossen Formen deren mehr als 4. So lange die
Form noch im Stadium der *Rhynchonella gryphitica* Quenstedt's
steht, besitzt sie nie mehr als 3 Rippen. In der sehr deutlich
ausgesprochenen Einsenkung zwischen Wulst und Flügeln können
auch manchmal neue Rippen entstehen; ebenso gabelt sich nicht
selten eine der Wulstrippen auf halber Höhe der Schale gegen
die Stirne zu, oder das umgekehrte Verhältniss, dass 2 Wulstrippen sich nahe am Stirnrande zu einer einzigen vereinigen,
findet statt. Dieselben reichen bis gegen den Wirbel hin.
Die Flügel sind mit 2, seltener mit 3 Rippen versehen, die

ebenso, wie diejenigen des Wulstes, scharfkantig sind. Da, wo nur 2 Rippen vorhanden sind, sind sie beide gleich stark ausgebildet; wo ihrer hingegen 3 auftreten, ist die dem Wulste zunächst gelegene stets die am Stärksten ausgeprägte und die mittleren sind oft kaum noch zu bemerken. Der Wulst selbst tritt mit dem Alter immer mehr hervor, so dass die ausgewachsenen Exemplare eine rundliche Form annehmen, was QUENSTEDT veranlasst hat, diesen den Namen „*gryphiticae pilulae*" zu geben, während er die flacheren Formen einfach „*gryphiticae*" und die ganz jungen „*gryphiticae juvenes*" nennt. — Somit besteht eine vollständige individuelle Entwicklungsreihe von *Rhynchonella gryphitica juvenis* durch *Rhynchonella gryphitica* zu *Rhynchonella gryphitica pilula*.

Unter den vielen hundert untersuchten Exemplaren dieser Spezies habe ich keine einzige *Rhynchonella gryphitica* von der Grösse der meisten *Pilula*-Formen gefunden, wohl aber häufig Entwicklungsformen, die es ermöglichten den allmäligen Uebergang der einen in die andere Varietät genau nachzuweisen. — Deshalb ist es wohl richtig, alle 3 Stadien der Entwicklung unter dem einen Namen *Rhynchonella gryphitica* zusammenzufassen.

Die grosse Schale hat im Sinus, je nach den Verhältnissen im Wulste, 1—5 Rippen aufzuweisen. Desgleichen sind die Flügel mit je 2, sehr selten mit je 3 Rippen versehen. Auch diese sind scharfkantig und fast bis in die Wirbelspitze hinein zu verfolgen. Der Schnabel ist spitz; die Verhältnisse des Deltidiums klar zu legen, gestattete der Erhaltungszustand der mir zu Gebote stehenden Exemplare nicht. Die Arealkanten sind ziemlich scharf, die Schlosslinie ist nur leicht gebogen. Die Schalen sind sämmtlich in glänzenden Kalkspath umgewandelt, meistens innen hohl und mit zierlichen, sehr spitzen Skalenoëdern dieses Minerals erfüllt. Sie springen meist schon bei einem leichten Hammerschlag aus dem sie umhüllenden Gestein heraus.

Die Dimensionen der *Rhynchonella gryphitica* variiren ebensosehr, wie jene der *Rhynchonella Deffneri* OPPEL. Die Länge beträgt bei den ausgewachsenen Individuen ca. 13—14, die Breite ca. 11—12 Millimeter. Abnorme, mehr breite als lange Formen kommen auch vor, speziell bei ganz alten Exemplaren.

Auf die Beziehungen unserer Art zu andern und auf ihre Verwandtschaftsverhältnisse komme ich in einem der nächsten Abschnitte zu sprechen.

Vorkommen: Unterer Lias, α.

Unter-Elsass: Buchsweiler (Bahneinschnitt), Zinsweiler, Mattenkoppe bei Oberbronn (L. S.); Uhrweiler (S. S.) (Gryphitenkalk).

Lothringen: Cheminot, Verny, Liéhon, Sorbey-Mécleuves, Peltre, Grigy, Vallières bei Metz, St. Juro bei Metz, Kedingen. (Gryphitenkalk und Brevisschichten). (L. S. — F. S.)

Nachbarländer: Schönthal im Kanton Basel, Lehener Berg bei Freiburg i. B. (G. S.) — Merl, Baltringen und Hassel in Luxemburg. (Gryphitenkalk.) (L. S.)

An den hier citirten Localitäten Lothringens sehr häufig, im Elsass seltener.

Als eigenthümliche Erscheinung sei noch hervorgehoben, dass die Formen von Hassel, Baltringen und Merl in Luxemburg und diejenigen von Kedingen in Lothringen, also aus dem äussersten Nordwesten, eine viel grössere Aehnlichkeit mit den schwäbischen Vorkommnissen besitzen, als die Exemplare von den andern Localitäten.

Rhynchonella Schimperi nov. sp.
Taf. II, Fig. 31—32. Taf. III, Fig. 1—12.

Die kleine Schale hat 9—12, selten mehr Rippen, wovon 3—4 auf den Wulst kommen, der stark ausgeprägt und durch eine tiefe Einsenkung von den Flügeln getrennt ist. In der Einsenkung beobachtet man zuweilen eine nur schwach ange-deutete, weitere Rippe, die fast nie an beiden Seiten zugleich vorhanden ist, sondern meist nur an einer derselben auftritt. — Mit der Zahl der Wulstrippen correspondirt auch die Zahl derjenigen auf den Flügeln, so dass an Formen mit 3 Wulst-rippen 3 Flügelrippen und an solchen mit 4 Rippen am Wulste ebenso viele an jedem Flügel auftreten. Dieses ist die Norm, doch kommen auch Exemplare mit 4 Rippen am Wulste, welche deren nur 3 oder sogar nur 2 auf jedem Flügel besitzen und umgekehrt solche mit 3 Wulstrippen und 4 Rippen an jedem Flügel vor. Seltenheiten sind Formen mit 5 oder gar 6 Wulstrippen. In diesem Falle weisen die Flügel nie mehr als 3 Rippen auf. Oefters vereinigen sich auch 2 Rippen gegen den Stirnrand hin zu einer einzigen; seltener dagegen ist es, dass eine Rippe sich gegen den Stirnrand hin gabelt. — Beide Erscheinungen treten nur an den Wulstrippen auf; in einem einzigen Falle konnten zwei gegen den Stirnrand hin sich vereinigende Rippen auch in der Einsenkung zwischen Wulst und Flügeln beobachtet werden. Eine ganz eigenthümliche Ausnahme von der Regel bildet das auf Taf. II, Fig. 31 abgebildete Exemplar aus der Sammlung des Herrn Abbé FAIREN, das bei einem typisch aus-gesprochenen Habitus unserer Spezies auf der oberen Hälfte der Schale eine Berippung ähnlich gewissen Exemplaren der *Rhynchonella rimosa* BUCH sp. zeigt.

Je grösser die Form wird und je geringer die Anzahl der Rippen ist, desto scharfkantiger sind dieselben. Bei den breiteren Exemplaren sind sie oft nur noch schwach angedeutet und verlaufen auch nicht erst in der Wirbelgegend, wie bei den scharfkantigen Formen, sondern schon auf der Mitte der Schalen.

Die grosse Schale hat einen tief eingeschnittenen Sinus mit 2—3 Rippen auf demselben; die demselben zunächst gelegene ist die kräftigste, die mittlere ist schon schwächer und die letzte oft nur ganz schwach ausgebildet. Unter dem ziemlich auf die kleine Schale herabgebogenen, spitzen Schnabel liegt das von einem umfassenden Deltidium begrenzte Foramen. Die Arealkanten sind stets sehr scharf; die Schlosslinie verläuft gerade.

Die durchschnittliche Länge der typischen Exemplare beträgt 9—12 Millimeter, die Breite meist ebenso viel. Mitunter überwiegt die Länge auch die Breite um ca. 2—3 Millimeter. Abnorme Bildungen sind sehr häufig (cf. Taf. III).

Bemerkenswerth ist, dass unter dem Material, welches an einem einzigen Morgen in Grigy gesammelt wurde, mehr als 20 Varietäten sich vorfanden, von denen jede eine andere Eigenthümlichkeit zeigte.

Auf die verwandtschaftlichen Beziehungen zu andern Arten komme ich weiter unten zu sprechen.

Vorkommen: Unterer Lias, α.

Elsass: Mit Sicherheit nicht bekannt.

Lothringen: Peltre, Grigy, Vallières, St. Jure bei Verny, Kedingen. (Brevisschichten.) (F. S. — L. S.)

Sie trägt den Namen des um die geologische Wissenschaft hochverdienten, jetzt verewigten Professors Dr. W. SCHIMPER.

Rhynchonella nov. sp.
Taf. III, Fig. 13.

Unter dem mir von Herrn Abbé FAIREN zur Verfügung gestellten Material befindet sich ein einziges Exemplar einer ganz neuen Form, welches aus den Schichten des *Belemnites brevis* von Grigy stammt.

Die 4 Millimeter breite und kaum 6 Millimeter lange Form ist auf der kleinen Schale mit 18 scharfkantigen, erst im Wirbel verlaufenden Rippen versehen, von denen 4 den nicht stark hervortretenden Wulst und je 7 die Flügel zieren. Die kleine Schale ist viel stärker gewölbt als die grosse, bei welcher die Rippen sich ganz ähnlich verhalten wie diejenigen auf der kleinen. Der Sinus ist nur schwach entwickelt. Die Arealkanten sind ziemlich scharf; der Schnabel ist kaum auf die kleinere Schale übergebogen. Der Erhaltungszustand des Exemplars erlaubte keine Beobachtungen betreffend des Deltidiums.

Bei dem geringfügigen, mir bisher zu Gebote stehenden Material verzichte ich auf eine spezifische Benennung.

Die Verwandtschaftsverhältnisse der unterliasischen Arten unter sich und ihre Beziehungen zu den mittelliasischen Arten.

Im unteren und mittleren Lias α treten, wie auf den vorhergehenden Seiten auseinandergesetzt wurde, zwei Formen von Rhynchonellen auf, die *Rhynchonella plicatissima* QUENST. sp. und die *Rhynchonella belemnitica* QUENST. sp. Beide sind, wie schon bei der Beschreibung der letzteren gesagt worden ist, durch Mittelformen, wie sie Fig. 13—14 auf Taf. I veranschaulichen, miteinander verbunden.

Bei *Rhynchonella plicatissima* QUENST. sp. besteht ferner ein Uebergang nach *Rhynchonella Schimperi* nov. sp., indem Exemplare, wie Taf. III, Fig. 8—9 sie zeigen, unverkennbar als Mittelformen zwischen

14

beiden aufzufassen sind. Es sind dies Formen, welche die grösste Aehnlichkeit mit den länglichen Typen von *Rhynchonella plicatissima*, wie
sie QUENSTEDT in seinen Brachiopoden, Taf. 37. Fig. 37—39, treffend
wiedergibt, zeigen. — *Rhynchonella belemnitica* besitzt unter den unterliassischen Arten keine weiteren Verwandten; erst in den Davœikalken
treten gewisse Formen der *Rhynchonella triplicata* QUENST. sp. non
PHILLIPS auf, zu welchen sie in naher Beziehung zu stehen scheint.

Schwer ist es, sich eine Vorstellung von den Beziehungen der
Rhynchonella Schimperi, der *Rhynchonella Deffneri* und der *Rhynchonella gryphitica* zu einander zu bilden.

Sicher zu konstatiren ist, dass alle drei Arten gleiche Jugendstadien haben. Von dieser Thatsache hat man jedenfalls auszugehen. Es
findet nun aber weiterhin nicht eine einfache Entwicklung in drei diver-
gente Reihen statt, sondern es wird die Variabilität gleichzeitig neben-
einander vorkommender Formen eine so grosse, dass jeder Versuch, eine
leitende Form in dem Ganzen festzuhalten, auf die grössten Schwierigkeiten stösst.

Das erste Jugendstadium aller drei Formen ist ganz glatt. Erst
wenn die Schale eine gewisse Grösse erreicht hat, fängt die Fältelung
derselben an. Zunächst treten am Stirnrande drei feine Rippen auf;
dabei pflegt sich bei schwacher Entwicklung derselben die Wirbelspitze stärker zu krümmen, während bei stärkerer Rippenbildung der
Schnabel spitzer bleibt. Je nachdem nun der eine oder der andere,
Fall eintritt, entstehen Formen, die zu *Rhynchonella gryphitica* und
Schimperi gestellt werden können, oder die zu *Rhynchonella Deffneri*
hinüber führen.

Wird die Rippenbildung gleich in der ersten Jugend eine starke
so hat die Schale in den meisten Fällen eine Tendenz, mehr in die Breite
zu wachsen; dabei biegt sich die Wirbelspitze nach und nach um und
es entsteht die ächte *Rhynchonella gryphitica*. Entwickelt sich aus dem
Jugendstadium dagegen eine schlankere Form, so bleibt der Schnabel
spitzer, die Rippenbildung ist alsdann eine nur geringere und die Schale
wird zur *Rhynchonella Schimperi*.

Tritt dagegen der seltenere Fall ein, dass während des Wachs-
thums der *Rhynchonella* bei zunehmender Breite der Schale und ähn-
lichem Verhalten der Wirbelspitze, wie bei der Entwicklung der *Rhynchonella gryphitica*, die Rippenbildung entweder nicht mehr oder nur

sehr wenig zunimmt, oder gar ganz fehlt, so erhalten wir eine als *Rhynchonella Deffneri* zu bezeichnende Form.

In dieser Weise kann man sich die Entwicklung nach Reihen etwa vorstellen. Als Beispiele des Zusammenhanges der schon vorgeschrittenen Formen unter einander mögen folgende angeführt werden:

    a) Der Zusammenhang von *Rhynchonella Schimperi* mit *Rhynchonella Deffneri.*

Rhynchonella Schimperi nimmt eine rundliche Gestalt an, die Rippen werden abgerundeter und verlieren ihre Schärfe, beschränken sich dabei immer mehr und mehr auf die Stirngegend und verschwinden daselbst zuletzt fast vollständig. Gleichzeitig hat sich die Wirbelspitze übergebogen — nur in ganz seltenen Fällen findet das nicht statt — und schliesslich sieht das letzte Exemplar der Uebergangsreihe ganz so aus, wie *Rhynchonella Deffneri* und ist überhaupt nicht mehr von dieser zu unterscheiden. Taf. I, Fig. 15—17 veranschaulicht einige Formen eines solchen Uebergangs. Dieser kann nun bei Exemplaren aller Dimensionen (ausser den ganz kleinen, jugendlichen) stattfinden und ist nicht auf eine Altersstufe beschränkt. An den Habitus der Form ist er nicht gebunden, denn man kann denselben sowohl an breiten, wie auch an schlanken Exemplaren beobachten.

Ein sehr merkwürdiger Umstand wurde bei Grigy beobachtet. *Rhynchonella Schimperi* und *Rhynchonella Deffneri* liegen dort zwar in einem und demselben Bett, doch nicht mit einander vermischt, sondern strichweise gesondert. Auf der einen Seite des grossen Steinbruchs kann man viele hundert Exemplare der einen auflesen, ohne auch nur ein Stück der anderen Art darunter zu finden und umgekehrt; an anderen Stellen finden sich wieder nur Uebergangsformen. Ob dieser Umstand nur localer Natur ist, konnte in Ermangelung ähnlicher, zu diesen Beobachtungen tauglicher Profile, wie das von Grigy, noch nicht festgestellt werden.

    b) Der Zusammenhang von *Rhynchonella Deffneri* mit *Rhynchonella gryphitica.*

Hier sind es hauptsächlich die breiteren Formen und wiederum ganz unabhängig von der Grösse, an denen die Erscheinung besonders auffallend zu Tage tritt. An länglichen Exemplaren der beiden Spezies von ausgewachsenem Habitus konnte ich solche Uebergänge nicht nachweisen, wohl aber an den halb ausgewachsenen Individuen beider Arten;

also an länglichen Jugendexemplaren der *Rhynchonella gryphitica* und an noch wenig gerundeten der *Rhynchonella Deffneri*, nicht aber an länglichen und alten *Gryphitica*-Formen und stark gerundeten länglichen *Deffneri*-Formen.

Während bei den jugendlichen Exemplaren, ähnlich wie bei *Rhynchonella Schimperi* und *Rhynchonella Deffneri* durch Zu- oder Abnahme der Rippenbildung und verschiedene Ausbildung der Wirbelspitze der Uebergang vollzogen wird, findet bei den erwachsenen Formen mit der allmäligen Zunahme der Rippen auch eine Zunahme an Breite und Abrundung statt (Taf. II. Fig. 20. 22. 25).

Eine eigenthümliche Thatsache ist mir in dem schon genannten Steinbruche von Grigy bei Metz aufgefallen. Es ist dort der oberste Gryphitenkalk aufgeschlossen und es gestattet dieser Umstand die mit einander abwechselnden Lager von Kalk- und Mergelbänken sehr genau zu beobachten. In der zweitobersten Mergelbank liegen die typischen *Deffneri*-Formen zu unterst; je höher man kommt und der darüber liegenden kalkigen Schicht sich nähert, desto faltiger, *Gryphitica*-ähnlicher werden die Exemplare, bis in der Kalkbank selbst nur ächte *Gryphitica*-Formen auftreten. In der obersten, über dieser Kalkbank liegenden Mergelschicht treten zu unterst wieder diese schon erwähnten Uebergangsformen auf und ganz oben haben dieselben sich wieder in ganz typische *Rhynchonella Deffneri*-Exemplare umgewandelt. — Ob dieser Umstand nur ein Spiel des Zufalls ist, oder ob er erlaubt den Schluss zu ziehen, dass die Beschaffenheit des Meeresbodens einen bestimmten Einfluss auf die Bildung der Schalen der auf demselben lebenden Brachiopoden gehabt hat, wird durch fortgesetzte Untersuchungen, besonders auch in andern Gebieten, festzustellen sein.

Rhynchonella gryphitica und *Rhynchonella Schimperi* habe ich noch nicht zusammen gefunden; directe Uebergänge lassen sich hier nicht nachweisen, wenn auch einige sehr seltene Exemplare von *Rhynchonella Schimperi* vorliegen, welche Aehnlichkeit mit gewissen Formen der *Rhynchonella gryphitica* zeigen.

Ganz seltene Formen sind solche, wie sie Fig. 23, Taf. II zeigt. Ich habe nur wenige Stücke dieser Art gesehen; sie sind der Wirbelbildung nach zu *Rhynchonella gryphitica*, nach der Beschaffenheit des Wulstes und der grossen Anzahl Rippen jedoch zu *Rhynchonella plicatissima* zu stellen.

Fig. 31, Taf. II zeigt eine eigene Varietät der *Rhynchonella Schimperi*, die vielleicht als eine Vorläuferin der *Rhynchonella rimosa* BUCH sp. der Davöikalke anzusehen ist.

Unzweifelhaft werden sich noch manche andere Uebergänge unterliassischer Rhynchonellen nachweisen lassen. — Von weiteren Untersuchungen, zumal in anderem Gebiete, wird es abhängen, festzustellen, welchen allgemeine Geltung zukommt und welche nur localer Natur sind. Bei Vergleichen sind wir bisher beinahe allein auf Schwaben angewiesen, da noch in keinem andern Gebiet die Beziehungen der Formen zum Lager in so ausgezeichneter Weise hervorgehoben worden sind, wie das dort durch QUENSTEDT geschehen ist.

Rhynchonella rimosa BUCH. sp. 1830.

Taf. III, Fig. 24—25.

1834. BUCH. Ueber Terebrateln etc. pag. 42.

1832—34. ZIETEN. Versteinerungen Württembergs. Taf. 42. Fig. 5. pag. 56.

1836—39. ROEMER. Versteinerungen des norddeutschen Oolithengebirges. pag. 39.

1843. QUENSTEDT. Flözgebirge Württembergs. pag. 184.

1849. D'ORBIGNY. Prodrome. vol. 1. pag. 239.

1852. QUENSTEDT. Handbuch. pag. 451. Taf. 36. Fig. 10—13.

1852. DAVIDSON. Oolitic and liasic brachiopoda. pag. 70. Taf. 14. Fig. 6—6 a.

1853. OPPEL. Der mittlere Lias Schwabens. pag. 68.

1858. QUENSTEDT. Jura. pag. 139—141. Taf. 17. Fig. 18—21.

1859. OPPEL. Jura. pag. 25.

1861. OPPEL. Brachiopoden des unteren Lias. pag. 535 und 542. Taf. 12. Fig. 2.

1863. OOSTER. Brachiopodes des Alpes suisses. pag. 43.

1863. SCHLOENBACH. Der Eisenstein des mittleren Lias etc. pag. 552.

1867. QUENSTEDT. Handbuch. 2. Auflage. pag. 540. Taf. 46. Fig. 10—13.

1871. Derselbe. Brachiopoden. pag. 54—57. Taf. 37. Fig. 102—117. 121.

1871. BRAUNS. Unterer Jura. pag. 442.

1878. DAVIDSON. Supplement. pag. 189. Taf. 27. Fig. 10.

Diese Spezies bekommt durch die starke Wölbung der kleinen Schale ein kugeliges Aussehen. „Diese steigt schnell auf, vom Schlosse weg, biegt sich aber noch vor der Mitte und steigt nun weiter sehr sanft, fast horizontal, bis zum Scheitel." (Buch, Ueber Terebrateln etc. pag. 42). Der Wulst trägt 3—4 gebogene, ziemlich scharfkantige Rippen. Nur 2 Wulstrippen, wie das Davidson an einer englischen Form beobachtet hat, (Davidson. Supplement. pag. 189. Taf. 27, Fig. 10) kommen bei den mir zu Gebote stehenden Formen nie vor (Taf. II. Fig. 31).

Die Einsenkung zwischen Wulst und Flügeln ist nur gering; letztere sind in den gewöhnlichen Fällen mit 4, selten mit 5 Rippen versehen, von denen stets die nächst der Einsenkung am Stärksten ausgebildet ist. Alle diese Rippen auf der kleinen Schale sind nun mit nur wenig Ausnahmen gegen den Wirbel hin gespalten, und zwar so, dass die Spaltung in der Höhe des ersten Drittels der Schale, vom Scheitel an gerechnet, beginnt. Die so entstehenden feinen Streifen sind bis zum Wirbel hin zu verfolgen.

Die grosse Schale ist sehr stark auf die kleine herabgebogen, so dass weder Foramen noch Deltidium zu sehen sind. Die Schlosslinie ist nur in der Mitte etwas gekrümmt, sonst ganz gerade. Die Arealkanten sind scharf; der Sinus ist „breit und flach" (Buch).

Länge ca. 6—7 Millimeter, Breite ebenso viel.

Quenstedt hat verschiedene Varietäten geschieden, so *Rhynchonella rimosa oblonga*, *Rhynchonella rimosa multiplicata* u. s. w., Unterschiede, die an unsern Formen nicht festzuhalten sind. Bezüglich der Verwandtschaftsverhältnisse siehe weiter unten.

Vorkommen: Mittlerer Lias. γ.

Unter-Elsass: Barr (L. S.); Eberbach (L. S.) (Davocikalk); Mühlhausen (L. S.) (diluvial).

Lothringen: Solgne (Davoeikalk); Malroy bei Metz (Numismalismergel). (L. S.)

Rhynchonella furcillata Theod. sp. 1834.

Taf. III, Fig. 14, 19—20.

1834. BUCH. Ueber Terebrateln etc. pag. 43.
1836—39. ROEMER. Norddeutsches Oolithengebirge. pag. 30. Taf. 13. Fig. 2.
1848. BRONN. Index palaeontologicus. pag. 1237.
1849. D'ORBIGNY. Prodrome. vol. I. pag. 239.
1852. QUENSTEDT. Handbuch. pag. 452. Taf. 36. Fig. 14. *Rhynchonella fimbria* Sow. sp. z. Thl.
1852. DAVIDSON. Oolitic and liasic brachiopoda. pag. 69. Taf. 14. Fig. 2—5.
1853. OPPEL. Mittlerer Lias. pag. 68. *Rhynchonella fimbria* Sow. sp. z. Thl.
1858. QUENSTEDT. Jura. pag. 111. Taf. 17. Fig. 31—33. (34—36?)
1858. OPPEL. Jura. pag. 125.
1863. SCHLŒNBACH. Der Eisenstein des mittleren Lias etc. pag. 553.
1863. OOSTER. Brachiopodes des Alpes suisses. pag. 42—43.
1864. SEEBACH. Hannover'scher Jura. pag. 23.
1867. QUENSTEDT. Handbuch. 2. Aufl. pag. 510. Taf. 46. Fig. 14.
1871. QUENSTEDT. Brachiopoden. pag. 61. Taf. 37. Fig. 127—143. (138—143?)
1871. BRAUNS. Unterer Jura. pag. 443.
1878. DAVIDSON. Supplement. pag. 189. Taf. 27. Fig. 1—3.

Die kleine Schale ist ziemlich gewölbt und steigt gleich unter dem Wirbel an, geht dann aber in einer fast geraden Linie zur Stirn, wo sie mit einem ziemlich starken Wulste, der 3—4 Rippen, selten deren 5 trägt, versehen ist. Dieselben sind, wie die 2—3 Flügelrippen auf jeder Seite, ziemlich scharfkantig. Die grosse Schale hat einen breiten Sinus, der je nach der Beschaffenheit des Wulstes 2—4 Rippen besitzt. 2—3 Rippen, von denen die dem Sinus zunächst liegende stets die stärkste ist, erheben sich auf jedem Flügel. Alle diese Rippen nun, sowohl die auf der grossen, als auch diejenigen auf der kleinen Schale, brechen auf der Höhe des ersten Viertels derselben, vom Stirnrande an gerechnet, plötzlich ab und spalten sich in je 3 sehr feine, bis in die Wirbelspitze hinein verlaufende Streifen, „so dass es aussieht, als wäre jede Schale mit einem kleineren eng gestreiften Plättchen belegt" (Buch, Ueber Terebrateln. pag. 43).

Beide Schalen weisen kräftige Anwachsstreifen auf. Der Schnabel ist spitz und ragt frei hinaus; die Arealkanten sind sehr scharf, das Deltidium umfasst das Foramen, die Schlosslinie ist gebogen.

Die vorliegenden Exemplare sind breiter, als lang; die Breite beträgt 15—16, die Länge 11—13 Millimeter. Doch sind auch Fälle beobachtet, in denen die Länge der Breite gleichkommt. Ein abnormes Exemplar aus der Sammlung des Herrn Abbé FRIREN in Metz ist sogar 18 Millimeter breit und 16—17 Millimeter lang (cf. Taf. III. Fig. 20).

Bezüglich der Beziehungen zu anderen Arten, siehe weiter unten.

Vorkommen: Mittlerer Lias, γ.

Unter-Elsass: Eberbach, Zinsweiler (Davoeikalk); Mühlhausen (diluvial). (L. S.)

Lothringen: Haute- und Basse-Bévoie bei Metz (Davoeikalk). (F. S.)

Rhynchonella oxynoti QUENST. sp. 1852.
Taf. III, Fig. 21—22.

1852. QUENSTEDT. Handbuch. pag. 451. Taf. 36. Fig. 4—5.
1853. OPPEL. Mittlerer Lias. pag. 67.
1858. QUENSTEDT. Jura. pag. 107. Taf. 13, Fig. 22—23.
1859. OPPEL. Jura pag. 108.
1867. QUENSTEDT. Handbuch. 2. Aufl. pag. 539. Taf. 46. Fig. 4—5.
1871. Derselbe. Brachiopoden. pag. 41. Taf. 37. Fig. 53, 60—81.
1878. DAVIDSON. Supplement. pag. 210. Taf. 28. Fig. 37—38.

Diese Spezies ist bis jetzt in Elsass-Lothringen nicht mit Sicherheit nachgewiesen worden. Bei Malroy, nördlich von Metz, finden sich in den Numismalismergeln einige seltene verkieste Formen, welche wohl zu *Rhynchonella oxynoti* gehören können, deren Erhaltungszustand aber leider nicht festzustellen erlaubt, ob man es hier mit ächten Oxynoten oder mit jungen Rimosen zu thun hat.

Die unzweifelhaft mit der schwäbischen genau stimmende Form, findet sich nur an einem Punkte des Rheinthals, der hier mit aufgeführt werden mag, nemlich zwischen Zeutern und Oestringen bei Langenbrücken, in verkiestem Zustande, mit *Am. Jamesoni* im mittleren Lias. (Numismalismergel.)

Rhynchonella caloicosta Qcenst. sp. 1852.

Taf. I, Fig. 11.

1852. QUENSTEDT. Handbuch. pag. 451. Taf. 36. Fig. 6—9.
1853. OPPEL. Mittlerer Lias. pag. 67.
1858. QUENSTEDT. Jura. pag. 138. Taf. 17. Fig. 16—17.
1865. TERQUEM ET PIETTE. Lias inférieur de l'Est de la France. pag. 114.
1867. QUENSTEDT. Handbuch. 2. Aufl. pag. 540. Taf. 46. Fig. 6—9.
1869. DUMORTIER. Dépôts jurassiques du bassin du Rhône. pag. 152.
1871. QUENSTEDT. Brachiopoden. pag. 51 und folgende. Taf. 37. Fig. 82 bis 91. 122.
1871. BRAUNS. Unterer Jura. pag. 439.
1875. LEPSIUS. Beiträge zur Kenntniss der Juraformation etc. pag. 17.
1878. DAVIDSON. Supplement. pag. 220. Taf. 28. Fig. 24—33.

Die kleine Schale ist mit 10—11 scharfkantigen Rippen versehen, wovon 2—3 den stark ausgesprochenen Wulst bilden.

Die grosse Schale hat einen tief eingeschnittenen Sinus, der 1—2 Rippen trägt. Sämmtliche Rippen beider Schalen laufen bis in den Wirbel hinein. Der spitze Schnabel ragt meist weit hinaus, nur in seltenen Fällen ist er an die kleine Schale angedrückt. Das Deltidium ist discret, die Arealkanten sind scharf, die Schlosslinie verläuft gerade.

Die Form wird 8 Millimeter lang und ebenso breit. Bei den grossen Exemplaren ist die Wölbung der Schale nur gering, die kleineren jedoch neigen zur Kugelbildung.

Verhältniss zu anderen Arten. Verwandt ist diese Spezies mit *Rhynchonella curviceps* Quenst. sp., worauf wir bei Besprechung dieser Art noch zurückkommen werden. — In Lothringen fehlt die ächte *Rhynchonella calcicosta* bis auf einige zweifelhafte Formen, doch führen sie Terquem und Piette aus den Schichten des *Amm. bisulcatus* von Jamoigne (Meurthe-et-Moselle) auf. Gewisse Formen der *Rhynchonella Schimperi* (pag. 11) haben aber grosse Aehnlichkeit mit der ächten *Rhynchonella calcicosta* und liegt deshalb wohl die Vermuthung nahe, dass diese erstere Art vielleicht die *Rhynchonella calcicosta* in Lothringen vertritt.

Vorkommen: Mittlerer Lias, γ.

Ober-Elsass: Reichenweier. (L. S.)

Unter-Elsass: Bossendorf. (L. S.)

Lothringen: Stockingen. (L. S.)

(Davoeikalk).

Rhynchonella rostellata Quenst. sp. 1871.

Taf. III, Fig. 26—31.

Quenstedt stellt *Rhynchonella rostellata* als eigene Spezies auf; nach den Elsass-Lothringer Vorkommnissen scheint es aber mehr, als handle es sich nur um jugendliche Formen gewisser Entwicklungen der nachher zu besprechenden *Rhynchonella triplicata* Quenst. sp. (non Phillips).

Der vollständige Nachweis für diese Behauptung lässt sich jedoch noch nicht stricte führen, da die nöthigen Beobachtungen an Ort und Stelle noch fehlen.

Meine Vermuthung stützt sich lediglich auf das Material, welches mir Herr Abbé Friren gütigst zur Verfügung stellte.

Bis 8 Millimeter lang und ebenso breit werdend. Die kleine Schale ist meist sehr bauchig und zwar liegt die grösste

Wölbung direct unter dem Wirbel. Beide Schalen sind je mit 8—9 Rippen versehen. 2—3 derselben bilden auf der kleinen Schale einen ziemlich ausgesprochenen Wulst, der durch eine tiefe Einsenkung von den Flügeln getrennt wird. Letztere sind mit je 3 Rippen versehen, wovon die dem Wulste zunächst liegende die ausgesprochenste ist.

Die grosse Schale hat einen tief eingeschnittenen Sinus; die Anzahl der auf ihm stehenden Rippen beträgt entsprechend der Zahl der Wulstrippen 1—2. Der Schnabel ist mehr oder weniger stark auf die kleine Schale angedrückt. Von Foramen und Deltidium ist Nichts zu sehen. Die kaum bemerklichen Arealkanten sind nur sehr wenig scharf. Die Schlosslinie verläuft gerade.

Die Wirbelgegend ist auf beiden Schalen ganz glatt; mit zunehmender Grösse der Form reichen jedoch die Rippen immer höher hinauf und der Schnabel wird im Allgemeinen freier, bei manchen Exemplaren, speziell bei denjenigen, die grössere Neigung zum Rundlichwerden zeigen, bleibt derselbe aber auch angedrückt. Auf der grossen Schale bildet sich in der Wirbelgegend ein „Schnabelkiel", wie es QUENSTEDT nennt (cf. Taf. III, Fig. 28 b).

Verhältniss zu anderen Arten. Die eben beschriebene Form findet sich stets mit *Rhynchonella triplicata* QUENST. sp. zusammen. Junge Exemplare dieser letzteren Art findet man nun auffallender Weise nicht, auch nicht bei sehr häufigem Vorkommen ausgewachsener Individuen. Man kann die kleinsten Triplicaten an die grössten Rostellaten anschliessen, zumal letztere meist einen freier hinausragenden Schnabel und stärker ausgebildete, bis in den Wirbel hinein verlaufende Rippen besitzen, wie es *Rhynchonella triplicata* zukommt. Es ist in der That sehr schwer, eine grosse *Rhynchonella rostellata* von einer *Rhynchonella triplicata* mittlerer Grösse zu unterscheiden, wie dies QUENSTEDT andeutet, cf. Brachiopoden pag. 53: «Dagegen treten unüberwindliche Schwierigkeiten ein, sowie man die scharfe Grenze feststellen will.»

Vorkommen: Mittlerer Lias, γ.

Unter-Elsass: Wörth, Eberbach (Davoeischichten). (L. S.)

Lothringen: Solgne, Haute- und Basse-Bévoie bei Metz, Monterchen, Schell (Davocikalk). (L. S. — F. S.)

Rhynchonella triplicata QUENST. sp. 1871 (non PHILLIPS).

Taf. I, Fig. 22—24. 26—31. Taf. III, Fig. 32, 34, 36—37.

1871. QUENSTEDT. Brachiopoden. pag. 70 und folgende. Taf. 37. Fig. 176—183. Taf. 38. Fig. 1—22.
1858. Derselbe. Jura. pag. 141. Taf. 17, Fig. 27—29. *Rhynchonella variabilis.* SCHL. sp.
Non! *Rhynchonella triplicata* PHILL. 1843. QUENSTEDT. Flözgebirge. pag. 136 und *Rhynchonella triplicata* QUENST. sp. 1852. Handbuch. pag. 451. Taf. 36. Fig. 1, und 2. Aufl. pag. 539, Taf. 46. Fig. 1.

Es sind wohl in der ganzen Nomenclatur der fossilen Brachiopoden keine Namen so sehr missbraucht worden, als gerade die Bezeichnungen: *« Rhynchonella triplicata »* und *« Rhynchonella variabilis »*. Beide sind so oft sowohl für ein und dieselbe, als auch für die allerverschiedensten Formen angewandt worden, dass es wohl gut sein wird, durch eine getreue Darstellung der Sache etwas Klarheit in die bestehende Verwirrung zu bringen.

Die erstere Bezeichnung *« Rhynchonella triplicata »* wurde zuerst von PHILLIPS in seiner Geology of Yorkshire I. pag. 134. Taf. 13. Fig. 22 aufgestellt und zwar für eine Spezies aus dem mittleren Lias, die, wie DAVIDSON nachgewiesen hat, identisch ist mit *Rhynchonella variabilis* SCHL. sp., d. h. mit denjenigen Formen, die eben DAVIDSON unter dieser Benennung zusammengefasst hat. Cf. DAVIDSON. Oolitic and liasic brachiopoda. pag. 79. Taf. 15. Fig. 8—10. Taf. 16. Fig. 1—6. QUENSTEDT hat in seinen verschiedenen Werken eine und dieselbe Art mit den verschiedensten Namen und dann wieder ganz verschiedene Formen mit gleicher Bezeichnung belegt. So redet er in seinem

Handbuch 1852. pag. 451. Taf. 36, Fig. 1 von einer *Rhynchonella tri-plicata* aus dem unteren Lias (cf. *Rhynchonella gryphitica* QUENST. sp. pag. 8), indem er dazu bemerkt «die von PHILLIPS gehört einer höher liegenden Form an». — Also dieselbe Benennung für Verschiedenes und eine *Rhynchonella triplicata* QUENST. sp. neben einer *Rhyncho-nella triplicata* PHILL. sp.! In dem 1858 erschienenen Jura be-nannte er eben diese *Rhynchonella triplicata* PHILL.: «*Rhynchonella variabilis*», meint aber die ZIETEN'sche Form damit, nicht die SCHLOT-HEIMS (ZIETEN. Versteinerungen Württembergs. Taf. 46. Fig. 2.), denn er sagt: «Ob SCHLOTHEIM an diese mitgedacht hat, kann nicht mehr ermittelt werden.» — In der 2. Auflage des Handbuchs 1867 lässt er diese Ansicht wieder fallen und behält die schon in der 1. Auflage desselben Werkes aufgestellte Benennung bei.

In seinen Brachiopoden 1871, pag. 70 kommt er nochmals auf den Namen «*Rhynchonella triplicata*» zurück, indem er denselben als gleichbedeutend mit *Rhynchonella variabilis* SCHL. sp. in DAVIDSON'S Sinne ansieht. Er sagt dabei: «Deshalb sollte man über den Namen nicht streiten und nicht den älteren, sondern den besseren an die Spitze stellen.» Vorher heisst es l. c.: «Wir sind endlich in die günstige Lage gekommen, dass über die Sache kaum noch Zweifel obwalten kann», eine Ansicht, der ich mich leider nicht anschliessen kann.

Das Schwanken in der Auffassung bei einem so feinen Beobachter wie QUENSTEDT beweist eben die gewaltige Formenmannigfaltigkeit der unterliassischen Rhynchonellen. Entweder muss man aber eine Bezeich-nung mit sehr weiter Grenze annehmen, oder man muss die einzelnen Formen durch Namen fixiren, auch dann, wenn Letzteres nur ein zeit-weiliger Nothbehelf sein sollte.

Das, was QUENSTEDT in seinen Brachiopoden 1871 *Rhynchonella variabilis* benennt, ist, wie mir scheint, nicht identisch mit der *Rhyn-chonella variabilis* DAVIDSON'S. Die kleineren Formen, welche dieser Autor Taf. 15. Fig. 8—10 in seinen Oolitic and liasic brachiopods etc. ab-gebildet hat, stimmen zwar mit den Exemplaren, die QUENSTEDT als Triplicaten auffasst, vollständig überein, allein es ist mir zweifelhaft, ob diese ersteren Formen und diejenigen auf Taf. 16. Fig. 1—6 zu-sammengeworfen werden dürfen, wie das DAVIDSON thut. Letzterer sagt übrigens selbst pag. 80, indem er von Fig. 8—10 auf Taf. 15 redet: «they are exceptions to the general form.»

Anmerkung. Ich habe die englischen Exemplare freilich nicht gesehen und urtheile nur nach der Sachlage in Elsass-Lothringen, wo die eigentliche Vertreterin der englischen *Variabilis*-Formen im Lias P. liegt (cf. pag. 31 *Rhynchonella Beneckei* nov. sp.), während diejenigen Formen, die mit QUENSTEDT's Triplicaten-Typen stimmen, tiefer liegen, kleiner sind und mit den Exemplaren aus den Costatusschichten nicht verwechselt werden können. Leider gibt DAVIDSON nicht an, ob Fig. 8—10 auf Taf. 15 aus tiefer liegenden Schichten, als die grossen Formen auf Taf. 16 stammen, wie ich nach dem Vorkommen in Elsass-Lothringen habe glauben annehmen zu dürfen.

Später wird es wohl nöthig sein, den hier zu beschreibenden Formen einen andern Namen zu geben, da die Bezeichnung « *Rhynchonella triplicata* » aus den oben angeführten Gründen unhaltbar geworden ist. Bei meinem immerhin local beschränkten Materiale wollte ich dies jedoch selbst nicht thun.

Uebrigens sind Formen mit 2 oder 4 Wulstrippen ebenso häufig, wie solche mit 3, wodurch der Name ohnehin bedeutungslos und falsch wird.

Auch die Bezeichnung « *Rhynchonella variabilis* » SCHL. sp. ist nicht beizubehalten, denn es ist, wie es von verschiedenen Seiten schon hervorgehoben wurde, unmöglich, genau festzustellen, was der Autor dieser Spezies darunter verstanden wissen wollte. Er begreift unter diesem Namen Formen aus den verschiedensten Formationen, ja sogar aus dem Zechstein! (Cf. SCHLOTHEIM, Petrefactenkunde etc. pag. 267 und die Abbildungen hiezu in LEONHARD, Taschenbuch etc. Bd. 7, 2. Abtheilung. Taf. 1. Fig. 1 a—c.)

Eine Beschränkung des Namens auch jener Formen mag für England thunlich sein, in Deutschland jedoch ist sie nicht durchführbar, da hier auch innerhalb der Formationen zu verschieden Gestaltetes und zu verschieden Altes zusammengeworfen wurde. Cf. A. D'ORBIGNY (Prodrome. 1849. vol. 1. pag. 259); ZIETEN (Versteinerungen Württembergs. pag. 57. Taf. 42. Fig. 6); OPPEL (Jura. pag. 108 und 187); QUENSTEDT (Handbuch 1852. pag. 451. Handbuch 1867. 2. Aufl. pag. 539. Jura. 1858. pag. 140 und pag. 73. Brachiopoden. pag. 43, an welcher Stelle er sagt: « ich hüte mich wohl, sie mit irgend einer bestimmten Form identificiren zu wollen. »)

Die Form ist durchschnittlich 12 Millimeter breit und ebenso lang. Die mässig gewölbte kleine Schale ist mit einem von 2—4, ganz selten 5 scharfkantigen Rippen gezierten Wulste versehen. Jeder Flügel ist mit 3—4 Rippen versehen, wovon die dem Wulste zunächst liegende die stärkste ist. Alle Rippen auf beiden Schalen verlaufen bis in den Wirbel.

Der Sinus der grossen Schale ist nur wenig tief und die in demselben stehenden Rippen sind ebenso scharfkantig, wie diejenigen des Wulstes der kleinen Schale. Der Schnabel ist spitz und ziemlich übergebogen; das Deltidium ist discret und das Foramen von mittlerer Grösse. Die Arealkanten sind scharf; die Schlosslinie ist anfangs nur wenig gebogen und verläuft alsdann ganz gerade.

Abnormitäten, wie Taf. I, Fig. 22 solche zeigt, kommen nicht selten vor.

Von den verwandtschaftlichen Beziehungen zu anderen Arten wird weiter unten die Rede sein.

QUENSTEDT hat verschiedene Varietäten unterschieden, deren Auseinanderhaltung für unsere Verhältnisse nicht praktisch erscheint. Dichotomie der Wulstrippen scheint bei unseren Exemplaren seltener zu sein, als bei den schwäbischen, ebenso Ansteigen derselben am Stirnrande (QUENSTEDT, Brachiopoden. pag. 71).

Bez. der Jugendstadien dieser Spezies, cf. *Rhynchonella rostellata* QUENST. sp. pag. 22.

Vorkommen: Mittlerer Lias, γ.

Elsass: Mülhausen (diluvial). (S. S.)

Lothringen: Haute- und Basse-Bévoie bei Metz. (F. S.) Solgne und Cheminot. (L. S.) (Davoeikalk.)

Nachbarländer: Ruttehardt bei Basel. (G. S.)

Rhynchonella curviceps Quenst. sp. 1868.

Taf. I, Fig. 24—28, 30. Taf. III, Fig. 32—36. 38—42.

1858. Quenstedt. Jura. pag. 138. Taf. 17. Fig. 13—15.
1852. Quenstedt. Handbuch. pag. 452. Taf. 36. Fig. 30. *Rhynchonella tetraëdra* Sow. sp.
1863. Schloenbach. Eisenstein des unteren Lias etc. pag. 552.
1867. Quenstedt. Handbuch. 2. Aufl. pag. 541. Taf. 46. Fig. 30. *Rhynchonella tetraëdra*. Sow. sp.
1870. Greppin. Jura bernois. pag. 241.
1871. Quenstedt. Brachiopoden. pag. 57 und folgende. Taf. 37. Fig. 118 bis 120. 160.
1871. Brauns. Unterer Jura. pag. 439.
1875. Lepsius. Beiträge zur Kenntniss der Juraformation etc. pag. 17.

Die beiden Schalen tragen je 14—16 Rippen; 5—6 davon kommen bei der kleinen Schale auf den Wulst; diese sind scharfkantig, während die Flügelrippen mehr oder weniger abgerundet sind. Die Rippen verlaufen auf beiden Schalen bis in den Wirbel hinein.

Die grosse Schale hat einen breiten, meist nur wenig tiefen Sinus, dessen Rippen weit gegen die des Wulstes hin vorgreifen. Diese letzteren selbst sind an der Stirne sehr stark übergebogen, was der Form ihr charakteristisches, rundliches Aussehen gibt. Exemplare mit zusammengedrücktem Sinus, wie sie Quenstedt, Brachiopoden. pag. 58 erwähnt, kenne ich aus Elsass-Lothringen nicht. Der Schnabel ist bei den rundlichen Formen sehr auf die kleine Schale angedrückt, bei den jungen Exemplaren ragt er noch frei hinaus. Das Foramen ist klein, das Deltidium discret; die Arealkanten sind scharf, die Schlosslinie ist leicht gebogen.

Die Jugendstadien zeigen oftmals eine merkwürdige Aehnlichkeit mit gewissen Formen der *Rhynchonella calcicosta* und ist es wohl nicht unwahrscheinlich, dass so Manches, was als *Rhynchonella calcicosta* aufgeführt wird, zu *Rhynchonella curviceps* zu rechnen ist. Die ganz typischen Jugendformen von *Rhynchonella curviceps* zeigen schon früh die scharfen Wulstrippen und deren Tendenz, sich am Stirnrande überzubiegen. Erst wenn etwa zwei Drittel der Grösse erreicht sind, wird das Ueberbiegen deutlich und dann beginnt auch der Schnabel sich auf die kleine Schale herabzubiegen.

Verhältniss zu anderen Arten. BRAUNS will diese Art mit *Rhynchonella calcicosta* QUENST. sp. vereinigen, eine Ansicht, der ich nicht beipflichten kann, da die typischen *Calcicosta*-Formen von den ächten *Curviceps*-Exemplaren so verschieden sind, dass ein Zusammenwerfen beider Spezies nicht recht thunlich erscheint.

Wie schon bei *Rhynchonella calcicosta* und weiter oben angedeutet wurde, gibt es allerdings Uebergänge, welche QUENSTEDT grösstentheils bei *Rhynchonella calcicosta* unterbringt. Für unsere Formen halte ich es aber für richtiger, sie zu *Rhynchonella curviceps* zu stellen. Mit dem Namen «curviceps» bezeichnet übrigens QUENSTEDT nicht ausschliesslich eine bestimmte Form, sondern auch Exemplare anderer Spezies aus gleichen Horizonten, die «einen übergebogenen Gipfel des Bauchschalenwulstes und eine ungewöhnlich hohe Stirnansicht» besitzen (Brachiopoden. pag. 58). Er spricht daher von einer *Rhynchonella rimosa curviceps*, einer *Rhynchonella amalthei curviceps*, etc.

Für unsere Verhältnisse ist ein solches Verfahren nicht einzuhalten; ich glaube alle diejenigen Formen, welche die oben besagten Verhältnisse am Wulste aufweisen, unter einer Bezeichnung zusammenfassen zu müssen.

Rhynchonella curviceps in unserem Sinne ist sowohl mit *Rhynchonella amalthei* als auch mit *Rhynchonella triplicata* QUENST. sp. verwandt. Man kann ihre Entwicklung von den ersten Jugendstadien an und ihr allmäliges Uebergehen in die letztgenannte Art leicht verfolgen. Es fehlen aber in Elsass-Lothringen alle solche Formen, die bei einer Wulstbildung, wie sie *Rhynchonella curviceps* aufweist, doch noch die Eigenthümlichkeiten einer *Rhynchonella rimosa* oder *Rhynchonella amalthei* haben.

Mehrfach ist auch *Rhynchonella curviceps* mit *Rhynchonella tetraëdra* vereinigt worden. QUENSTEDT hat aber bereits darauf hingewiesen, dass die englischen Autoren mit dem Namen «*Rhynchonella*

tetraëdra sehr Verschiedenes zu bezeichnen scheinen, indem sie diese
Art aus dem mittleren Lias bis in den *Inferior Oolite* reichen lassen
(DAVIDSON. Oolitic and liasic brachiopoda. pag. 95). Es ist ferner
nicht ausser Acht zu lassen, dass *Rhynchonella tetraëdra* in England
bedeutend grösser wird, als *Rhynchonella curviceps* bei uns (QUENSTEDT.
Brachiopoden. pag. 58). Möglicher Weise sind die unten als *Rhynchonella
Rosenbuschi* nov. sp. bezeichneten Formen Vertreter der grossen englischen
liasischen *Rhynchonella tetraëdra*. Es bleibt noch festzustellen und
des Weiteren zu erörtern, ob jene kleinen Formen der *Rhynchonella
Rosenbuschi* aus den Schichten des *Ammonites costatus*, von denen bei
der Beschreibung dieser Art die Rede sein wird und wie sie Fig. 11,
Taf. IV. zeigt, nicht etwa den Uebergang von *Rhynchonella curviceps*
nach *Rhynchonella Rosenbuschi* nov. sp. vermitteln.

Vorkommen: Mittlerer Lias, γ.

Unter-Elsass: Eberbach und Bossendorf. (L. S.) (Davoeischichten.)

Lothringen: Haute- und Basse-Bévoie bei Metz. (F. S.)
Monterchen, Cheminot, Luppy, Solgne. (L. S.) (Davoeikalk.)

Rhynchonella amalthei QUENST. sp. 1852.

Taf. I, Fig. 12, 18—21.

1852. QUENSTEDT. Handbuch. pag. 453. Taf. 36. Fig. 17.
1853. OPPEL. Mittlerer Lias. pag. 69.
1858. QUENSTEDT. Jura. pag. 177. Taf. 22. Fig. 1.
1859. OPPEL. Jura. pag. 189.
1871. QUENSTEDT. Brachiopoden. pag. 65. Taf. 37. Fig. 151—161.
1871. BRAUNS. Unterer Jura. pag. 441. *Rhynchonella tetraëdra* Sow. sp.
z. Thl.
1878. DAVIDSON. Supplement. pag. 201. Taf. 28. Fig. 18—21.

Die ausgewachsenen Exemplare sind ca. 8 Millimeter lang
und 11 Millimeter breit. Die ziemlich gewölbte kleine Schale
ist mit 25—30 Rippen versehen, wovon 4—5 den stark ausgesprochenen Wulst zieren. Diese sind bedeutend schärfer aus-

gebildet, als diejenigen auf den Flügeln, deren äusserste nur
noch als feine Streifen wahrnehmbar sind. Dieser Umstand ist
für unsere Spezies charakteristisch.

Die grosse Schale ist mit einem breiten und nur wenig
tiefen Sinus versehen. Auch hier sind die Sinusrippen bedeutend
stärker entwickelt, als diejenigen auf den Flügeln. Alle Rippen
reichen auf beiden Schalen bis in die Wirbelgegend; nur bei
wenigen Exemplaren bleibt dieselbe glatt. Der Schnabel ist spitz
und ziemlich auf die kleine Schale übergebogen. Die Arealkanten
sind scharf, das Deltidium ist discret und begrenzt ein Foramen
von mittlerer Grösse. Die Schlosslinie verläuft fast ganz gerade.

Bezüglich der Verwandtschaften und Beziehungen zu anderen Arten
siehe weiter unten.

Vorkommen: Mittlerer Lias, γ.

Unter-Elsass: Silzklamm bei Uhrweiler, Merzweiler. (L. S.)
(Costatusschichten.)

Lothringen: Bis jetzt noch nicht gefunden.

Nachbarländer: Athus in Belgien (Costatusschichten); Roppe
bei Belfort (Margaritatusschichten). (L. S.)

Rhynchonella Beneckei nov. sp.
Taf. IV, Fig. 1—9.

1851—55. CHAPUIS ET DEWALQUE. Terrains secondaires du Luxembourg.
pag. 248—250. Taf. 36. (Fig. 5. *a—k*, non *l—n*.) *Rhynchonella variabilis* SCHL. sp.

Die Formen, welche ich unter diesem neuen Namen einführe, gehören zu dem Kreise der *Rhynchonella variabilis* und *triplicata* der
verschiedenen Autoren. Als *Rhynchonella variabilis* speziell bildeten sie
CHAPUIS und DEWALQUE ab. Das mir vorliegende Material gestattet eine
ganz bestimmte Entwicklungsreihe von der jugendlichen bis zur ausgewachsenen Form zu verfolgen. Eine besondere Benennung schien mir

daher, abgesehen von den bei *Rhynchonella triplicata*, pag. 24 angeführten Gründen, umsomehr am Platze, als es sich nach meinen bisherigen Erfahrungen um ein beinahe ausschliesslich lothringisches Vorkommen handelt.

Die Form gleicht im Allgemeinen der *Rhynchonella variabilis* bei DAVIDSON. Oolitic and liasic brachiopoda. Taf. 16, Fig. 1—6 (nicht Fig. 2 und 20). Die kleine Schale ist mit einem 3—4 kräftige und scharfkantige Rippen tragenden Wulste versehen. In ganz seltenen Fällen sind 5 Wulstrippen vorhanden; seltener nur 2 oder gar blos 1, dann aber sehr stark hervortretende Rippe am Wulste. (Taf. IV, Fig. 1, 2, 3, 7, 8.) Die Flügel weisen ebenfalls je 3—4 Rippen auf und zwar ist die dem Wulste zunächst gelegene die schärfste. In der den Wulst von den Flügeln trennenden Einsenkung sind öfters 2—3 ganz schwach angedeutete Rippen wahrnehmbar. Sämmtliche Rippen reichen bis etwas über die Mitte der Schale gegen den Wirbel hin, aber so, dass dieser ganz glatt bleibt. Die kleine Schale ist in den meisten Fällen stark gewölbt und zwar ist die Wölbung bei den mit 3 Wulstrippen versehenen Exemplaren stets grösser, als bei den andern.

Die grosse Schale besitzt einen je nach der Beschaffenheit des Wulstes mit 2—3 ebenfalls scharfkantigen Rippen versehenen Sinus. Diese Rippen reichen jedoch höher hinauf, als diejenigen auf der kleinen Schale und hören nur ganz wenig unter dem Wirbel auf. Der Schnabel ist sehr spitz und meist ziemlich übergebogen; das Deltidium ist umfassend. Die Arealkanten sind scharf, die Schlosslinie ist gebogen.

Die Normalform (Taf. IV, Fig. 3) ist fast ebenso lang wie breit, 24—25 Millimeter auf 26—27 Millimeter. Ausnahmen hievon sind jedoch nicht selten, denn unter dem mir zu Gebote stehenden, von XOCOUAT stammenden Materiale fanden sich Exemplare von viel bedeutenderer Länge als Breite und umgekehrt. Bei den selteneren Exemplaren mit 1 Wulstrippe findet öfters das erstere Verhältniss statt; da dagegen, wo der Wulst 2 oder 5 derselben aufweist, haben die Formen mehr eine Tendenz, in die Breite zu wachsen (Taf. IV, Fig. 8—9).

Die Menge des von einer Localität vorhandenen Materials hat es mir erlaubt, die Entwicklung dieser Spezies vom ganz jungen, faltenlosen Exemplare an bis zur stark aufgeblähten und mit mächtigen Wulstrippen versehenen Form hin genau zu verfolgen. Die kleinste mir bekannte Jugendform ist durchaus glatt, unten manchmal im Verhältniss zu ihrer Grösse ziemlich breit (Fig. 4). In dem darauf folgenden Stadium erscheinen erst 2 nur sehr schwach angedeutete Rippen am Scheitel und zwar auf der kleinen Schale, während die grosse immer noch glatt bleibt. Dieselben liegen mehr nach der rechten oder mehr nach der linken Seite hin und geben somit der Form ein etwas unsymmetrisches Aussehen, das ihr öfters während ihrer ganzen Entwicklung bleibt. In dem darauf folgenden Stadium zeigt sich allmälig die Krümmung der Scheitellinie und die Andeutung des Wulstes; erst wenn dieser ziemlich scharf ausgeprägt ist, wird durch die Bildung einer dritten Rippe, die nicht etwa zwischen den beiden andern, schon vorhandenen, sondern vielmehr an einer der beiden Seiten des Wulstes entsteht, die Symmetrie wieder hergestellt. Auch hievon giebt es Ausnahmen und ich habe sehr viele Exemplare vorgefunden, die im ganz ausgewachsenen Stadium noch unsymmetrisch erscheinen.

Mit der Ausbildung des Wulstes hat auch die Rippenbildung auf beiden Schalen begonnen. Die Wulstrippen wachsen nun nicht immer ganz symmetrisch fort; in den meisten Fällen sogar, wo deren 3 vorhanden sind, wächst eine derselben — und es kann sowohl die mittlere, als auch eine der beiden Seitenrippen sein — auf Kosten der beiden andern ganz unverhältnissmässig stark weiter und es entsteht nun selbstverständlicher Weise eine sehr grosse Verschiedenheit des Aussehens.

Oft verschwindet die eine Rippe ganz, dann entstehen Formen, die früher als *Terebratula biplicata* PHILL. beschrieben worden sind, oder 2 Rippen verkümmern ganz und gar und die Formen sehen dann der *Rhynchonella acuta* Sow. sp. durchaus ähnlich, bis auf die etwas anders geformte Wirbelgegend. Oder es verwachsen die beiden auf Kosten der dritten stark entwickelten Wulstrippen ganz und die Verwachsung

3

derselben ist nur noch an einer Einschnürung an der äussersten Wulst-spitze zu erkennen (Fig. 2).

Bei den Exemplaren mit 4 Wulstrippen ist solch ein unsymmetri-sches Wachsthum einer derselben im Allgemeinen seltener, als bei den-jenigen mit 3 Rippen. Da, wo ein solches vorhanden ist, findet es meist bei den beiden mittleren Rippen auf der rechten oder auf der linken Seite statt; nie dagegen tritt der Fall ein, dass etwa die 1. und 3. Rippe oder die 2. und 4. auf Kosten der andern stärker ausgebildet würde. Bei den Exemplaren mit 4 Rippen am Wulste ist dieser immer regelmassiger ausgebildet, als bei denjenigen mit 3 Wulstrippen; derselbe bildet dann meist eine kleine und nur schwach gekrümmte Bogenlinie, indem bei den normalen Formen die 2 mittleren Wulstrippen die beiden seitlichen nur sehr wenig überragen.

Es würde zu weit führen, hier alle die Variationen, die ich an dieser Spezies beobachten konnte, zu beschreiben. Die oben angeführten mögen genügen. Ganz selten scheinen Exemplare mit 5 Rippen, wie Taf. IV, Fig. 9 ein solches zeigt. Die Zurundung der Kammlinie der Wulstrippen etwas vor dem Scheitel und noch verschiedene kleinere Details möchten mich zur Ueberzeugung bringen, dass man es hier mit einer Mittelform zwischen unserer Spezies und der gleich im Folgenden beschriebenen *Rhynchonella Rosenbuschi* nov. sp. zu thun hat (cf. CHAPUIS ET DEWALQUE. Terrains secondaires, etc. pag. 252).

Bezüglich der Schalenstructur, die microscopisch untersucht wurde, und zwar von 6 verschiedenen Exemplaren, kann nichts Neues gesagt werden. Sie zeigt die schief zur Oberfläche der Schale stehenden kleinen Prismen (cf. SORBY. Microscopical Structure of shells etc. im Februarheft der Proceedings of the geological Society etc. pag. 56 u. f.). Auch die micro-scopische Betrachtung und Untersuchung der Schalen von *Rhynchonella Rosenbuschi, Schimperi, Deffneri* und anderen Spezies ergab nichts Neues.

Rhynchonella Beneckei scheint mit wenigen Ausnahmefällen auf Lothringen beschränkt zu sein.

Vorkommen: Mittlerer Lias, δ.

Unter-Elsass: Uhrweiler (Costatusschichten); Mülhausen (di-luvial). (S. S.)

Lothringen: Xocourt, Luppy (Costatusschichten). (L. S. — F. S.)

Nachbarländer: Essey, They (Meurthe-et-Moselle) (Costatus-schichten). (S. S.)

Rhynchonella Rosenbuschi nov. sp.

Taf. IV, Fig. 10—14.

1851—55. CHAPUIS ET DEWALQUE. Terrains secondaires du Luxembourg. pag. 251. Fig. 1. *a—e. Rhynchonella tetraëdra* Sow. sp.

CHAPUIS und DEWALQUE beschreiben diese Form aus dem Macigno d'Aubange als *Rhynchonella tetraëdra* Sow. sp. Die wohl nicht ganz genauen Abbildungen stimmen zwar nicht vollständig mit unserer Form überein, allein die Beschreibung lässt an der Identität keinen Zweifel.

Wie der Name «*Rhynchonella variabilis* SCHL. sp.», so hat auch die Bezeichnung «*Rhynchonella tetraëdra* Sow. sp.» eine sehr mannigfaltige Deutung erhalten. Wenn man nun den Begriff der Spezies sehr weit fasst, so könnte man unsere Form vielleicht noch bei dieser letzteren Art unterbringen; ich habe jedoch den bei einer genauen Untersuchung zu Tage tretenden Unterschied für erheblich genug gehalten, um eine besondere, allerdings der *Rhynchonella tetraëdra* Sow. sp. (DAV.) nahe stehende Form zu unterscheiden.

Die Exemplare sind ca. 20 Millimeter lang und etwa 30 Millimeter breit. Die kleine Schale ist mit einem aus durchschnittlich 6—8 Rippen bestehenden Wulste versehen, der zum Theil scharf von den Flügeln sich abhebt, bei welchem aber auch eine Art von allmäligem Uebergang in diese sich findet, veranlasst durch Rippen, die in der Einsenkung zwischen Wulst und Flügeln entstehen. Die scharfkantigen Wulstrippen fangen ein wenig unterhalb des Wirbels an, laufen aber dann nicht in gerader Linie zum Scheitel hin, sondern sind vielmehr gebogen, und zwar so, dass die stärkste Biegung etwa auf dem zweiten Drittel der Schale, vom Wirbel an gerechnet, liegt. Die Flügel weisen 4—5 Rippen auf, wovon die dem Wulste zunächst liegende die ausgeprägteste ist.

Der Sinus der grossen Schale hat 5—7 bis in die Wirbelspitzen hinein zu verfolgende Rippen, welche nicht so scharf-

kantig, wie diejenigen des Wulstes, sondern mehr gerundet sind.
Die Flügel sind mit 4—5 Rippen versehen, wovon wiederum
die nächste am Sinus die schärfste ist. Es ist eine beachtens-
werthe Thatsache, dass bei unserer Form die Flügelrippen
beider Schalen oft unsymmetrisch liegen, das heisst, dass auf
der rechten Seite der Schalen etwa 4 Rippen liegen, während
auf der linken 5 vorhanden sind, und so fort. Selbstverständlich
bedingt diese Unsymmetrie auf den Flügeln der einen Schale
das gleiche Verhältniss auf denen der andern. Auch in der Einsenkung zwischen Sinus und Flügeln entstehen hie und da neue
Rippen. Der Schnabel ist spitz und das Foramen ist da, wo
derselbe sehr auf die kleine Schale übergebogen ist, gar nicht
mehr zu sehen. Das Deltidium ist umfassend, die Arealkanten
sind scharf, die Schlosslinie ist gebogen.

Verhältniss zu anderen Arten. Am meisten fordert zu einem
Vergleich Fig. 7. Taf. 18. Fig. 5—10 in DAVIDSON. Oolitic and liasic
brachiopoda heraus, doch werden unsere Exemplare höchstens halb so
gross und ihr ganzer Habitus ist ein zierlicherer und leichterer. Die kleine
Schale tritt viel weniger bauchig hervor; auch ist, wie bei der *Rhynchonella Beneckei* die leichte Ausschweifung der von der Wirbelspitze nach
den Flügelecken hin verlaufenden Kantenlinien bemerkbar. Diesen Umstand möchte ich noch ganz besonders als Unterscheidungszeichen unserer
Formen von den von DAVIDSON abgebildeten hervorheben. Ein wie
verschiedenes Aussehen dadurch hervorgebracht wird, zeigt uns ein
Blick auf Fig. 13 und Fig. 14. Taf. IV. Fig. 13 stellt eines unserer
typischen Exemplare von Xocourt dar, das, wie beinahe alle Exemplare,
etwas unsymmetrisch gebaut ist. Fig. 11 ist eine Form aus dem mittleren Lias von Uhrweiler, die den englischen Formen noch am nächsten kommt.

Die Entwicklung konnte ebenfalls genau verfolgt werden. Sie gleicht
mit wenigen kleinen Abweichungen derjenigen der *Rhynchonella Beneckei*; die übrigens leicht von denjenigen der letzteren Spezies zu trennenden Jugendformen zeigen dieselbe unsymmetrische Gestaltung. Ein
Stadium mit ganz glatten Schalen, wie bei *Rhynchonella Beneckei* fehlt

vollständig. Dagegen sind schon die kleinsten, mir bekannten Formen mit 4—5 schwachen Rippen am Stirnrande versehen, aus denen sich dann im Laufe der Entwicklung die Flügel und Wulstrippen herausbilden, natürlicherweise unter Hinzukommen von noch weiteren Rippen.

Noch möchte ich darauf hinweisen, dass neben den grösseren Formen auch andere vorkommen, welche den grossen Exemplaren selbst ganz und gar ähnlich sehen, nur sind sie kleiner. (Taf. IV, Fig. 11.)

Aehnliche Beobachtungen wurden bei verschiedenen andern Arten, z. B. an der *Rhynchonella spinosa* Schl. sp. und ihrer nahen Verwandten, der *Rhynchonella tenuispina* Waagen und der *Rhynchonella Crossi* Walker, wahrgenommen. Wir kommen darauf später noch zu sprechen.

Auffallender Weise ist *Rhynchonella Rosenbuschi* weit mehr verbreitet, als *Rhynchonella Beneckei*. Letztere ist mir nur von wenig Orten aus dem Elsass bekannt, erstere dagegen fast stets die Begleiterin der *Rhynchonella acuta* Sow. sp.

Vorkommen: Mittlerer Lias, δ.

Unter-Elsass: Silzklamm bei Uhrweiler, Merzweiler, Gundershofen. (Costatusschichten.) (L. S. — U. S.) Mühlhausen (diluvial). (L. S.)

Lothringen: Xocourt, Luppy, Voisage-Novéant. (Costatusschichten.) (L. S. — U. S.)

Nachbarländer: They, Essey (Meurthe-et-Moselle). ? (S. S.)

Rhynchonella Steinmanni nov. sp.

Taf. IV, Fig. 15.

20 Millimeter lang und 19—20 Millimeter breit. Die kleine Schale besitzt einen stark ausgebildeten Wulst, der mit 2 ungleichen Rippen versehen ist. Beide sind äusserst scharfkantig. Die Flügel sind mit 2 sehr abgerundeten Rippen ver-

sehen. Zu bemerken ist noch, dass die beiden Wulstrippen, kurz ehe sie den Stirnrand erreichen, etwas nach auswärts vorgebogen sind.

Die grosse Schale wird durch eine einzige, etwas gerundete Sinusrippe in 2 unsymmetrische Hälften getheilt. Die Rippe selbst lässt sich fast bis in die Wirbelspitze hinein verfolgen. Auch hier sind die Flügel mit 2 abgerundeten Rippen versehen. Der Schnabel ist spitz, das Deltidium ist umfassend; die Arealkanten sind sehr scharf, die Schlosslinie ist leicht gebogen. Die Schalen zeigen Anwachsstreifen.

Vorkommen: Mittlerer Lias, δ.

Lothringen: Voisage bei Metz. (Costatusschichten.) (F. S.)

Nachbarländer: Athus in Belgien. (Costatusschichten.) (L. S.)

Selten.

Rhynchonella scalpellum Quenst. sp. 1852.

Taf. III, Fig. 15—18.

1852. Quenstedt. Handbuch. pag. 453. Taf. 36. Fig. 18.
1853. Oppel. Mittlerer Lias. pag. 69.
1858. Quenstedt. Jura. pag. 178. Taf. 22. Fig. 2.
1858. Oppel. Jura. pag. 188.
1867. Quenstedt. Handbuch. 2. Auflage. pag. 511. Taf. 46. Fig. 18.
1871. Quenstedt. Brachiopoden. pag. 67. Taf. 37. Fig. 162—166.

Längliche Form, 6—7 Millimeter lang und 5 Millimeter breit. Die kleine Schale ist nur in ganz seltenen Fällen etwas gewölbt und besitzt dann einen nur wenig angedeuteten Sinus. Sie trägt 8—12 Rippen, die nur bei wenigen Exemplaren bis in den Wirbel hinein verlaufen.

Die gleichen Verhältnisse finden auf der grossen Schale statt. Der Schnabel ist spitz und ragt frei hinaus. Die Arealkanten sind nur wenig scharf. Der Erhaltungszustand der Exemplare erlaubte keinerlei Beobachtungen über Foramen und Deltidium anzustellen.

Von einer punktirten Schale konnte ich Nichts bemerken. (Quenstedt giebt eine solche bei schwäbischen Exemplaren an.)

Vorkommen: Mittlerer Lias, γ.

Lothringen: Malroy bei Metz. (F. S.)

Rhynchonella acuta Sow. sp. 1818.

Taf. III, Fig. 23.

1818. SOWERBY. Mineral conchology of Great-Britain. vol. II. pag. 115. Taf. 151. Fig. 1—2.
1834. BUCH. Ueber Terebrateln etc. pag. 42.
1835. PHILLIPS. Geology of Yorkshire. vol. I. Taf. 13. Fig. 25.
1852. QUENSTEDT. Handbuch. pag. 452.
1851—55. CHAPUIS ET DEWALQUE. Terrains secondaires du Luxembourg. pag. 250. Taf. 37. Fig. 2.
1852. DAVIDSON. Oolitic and liasic brachiopoda. pag. 76. Taf. 14. Fig. 8—9.
1858. QUENSTEDT. Jura. pag. 141. 179 (196, 634).
1858. OPPEL. Jura. pag. 130.
1863. OOSTER. Brachiopodes des Alpes suisses. pag. 49.
1863. WAAGEN. Der Jura in Franken etc. (Jahreshefte des Vereins für vaterländische Naturkunde in Württemberg etc. pag. 155).
1867. QUENSTEDT. Handbuch. 2. Auflage. pag. 510.
1869. DUMORTIER. Dépôts jurassiques du bassin du Rhône, III. pag. 328.
1871. QUENSTEDT. Brachiopoden. pag. 64. Taf. 37. Fig. 150—153.
1874. BRAUNS. Unterer Jura. pag. 445.
1875. LEPSIUS. Beiträge zur Kenntniss der Juraformation etc. pag. 12, 35, 46.
1878. DAVIDSON. Supplement. pag. 203.

Die Eigenthümlichkeiten dieser seit Sowerby allgemein anerkannten Form entstehen dadurch, dass die kleine Schale schon am Wirbel von einer einzigen erst gerundeten, dann stets scharfkantiger werdenden Rippe gleichsam dachförmig gebrochen wird. Letztere kann in einzelnen Fällen auch leicht nach einwärts, also concav, gebogen sein. Denkt man sich die *Rhynchonella* so gestellt, wie sie die Profilansicht Taf. III, Fig. 23, b zeigt, so bildet diese Rippe mit der grossen Schale einen Winkel von etwa 45—50 Grad. Diese einzige, scharf hervortretende und spitz zulaufende Wulstrippe gibt der Form ein so sehr charakteristisches Aussehen, dass dieselbe nicht leicht mit einer andern Spezies verwechselt werden dürfte. Die Flügel sind meist mit 1—2 gerundeten Rippen versehen, in den häufigsten Fällen so, dass die dem Wulste zunächst liegende die stärkste ist. Man bemerkt hie und da noch 3—4 weitere, nur ganz wenig ausgebildete Rippen.

Die grosse Schale ist fast vollständig von dem glatten Sinus eingenommen; die beiden Flügel besitzen 2 öfters ziemlich scharfkantige Rippen. Der Schnabel ist sehr spitz und stark auf die kleine Schale angedrückt. Der Erhaltungszustand der mir zu Gebote stehenden Formen erlaubte es nicht, an Foramen und Deltidium Beobachtungen anzustellen, doch soll Letzteres nach Davidson umfassend sein. (Oolitic and liasic brachiopoda pag. 76.) Die Schlosslinie ist gebogen, die Arealkanten sind ziemlich scharf.

Länge der grösseren Formen ca. 22—23 (selten 27) Millimeter; Länge der kleineren Formen 16—27 Millimeter.

Breite der Ersteren 21—22 Millimeter, Breite der Letzteren 17—18 Millimeter.

Verhältniss zu anderen Arten. Wie schon bei der Beschreibung von *Rhynchonella Beneckei* angegeben wurde, nimmt letztere Form, wenn auch nur in sehr seltenen Fällen, ein der *Rhynchonella acuta* Sow. sp. sehr ähnliches Aussehen an. Vielleicht lassen sich im Laufe der Zeit Uebergänge beider Formen ineinander nachweisen. DUMORTIER (Dépôts jurassiques du bassin du Rhône. III. pag. 328) fand unter einer grossen Menge von *Rhynchonella acuta* einige seltene Exemplare mit 2 Wulstrippen zu Blaymard in den oberen Schichten des mittleren Lias. (Zone à Pecten in æquivalvis, niveau de la Limea acuticosta.) Er sagt dazu: «Mais cette espèce est fort rare et je ne l'ai pas encore rencontrée ailleurs.»

Vorkommen: Mittlerer Lias, ᵟ.

Unter-Elsass: Eberbach, Gundershofen, Merzweiler, Silzklamm bei Uhrweiler, Griesbach, Kirrweiler, Buchsweiler (Eisenbahneinschnitt), Hattmatt. (Costatusschichten.) (L. S. — S. S.) Mühlhausen (diluvial). (L. S.)

Lothringen: Xocourt. (Costatusschichten.) (L. S. — S. S.)

Die Verwandschaftsverhältnisse der mittelliasischen Arten unter sich und ihre Beziehungen zu den oberliasischen Arten.

Aehnlich wie im unteren Lias finden auch im mittleren mannigfache Uebergänge statt. Leider fehlen aber hier die Aufschlüsse, wie die früher genannten von PELTAZ und GRIGY im unteren Lias, welche den Zusammenhang zwischen der Veränderung der Form und dem Lager so klar vor Augen treten liessen.

Es ist weiter oben schon angedeutet worden, dass enge Beziehungen zwischen *Rhynchonella triplicata* QUENST. sp. und *Rhynchonella curviceps* (in unserer Auffassung) bestehen. Es ist in der That auch sehr schwer, wenn nicht ganz unmöglich, eine Grenze zwischen beiden Arten zu ziehen und zwar sind die Mittelformen oft häufiger vorhanden, als die ächten Exemplare. Man kann Verbindungsreihen zwischen beiden Spezies herstellen, und zwar von einer Localität, deren Endglieder sich an die ächten Exemplare beider Arten anschliessen lassen. Auf Taf. 1

und III sind einige dieser Uebergangsstadien zwischen beiden Species veranschaulicht. *Rhynchonella triplicata* QUENST. sp. scheint, wie schon gesagt wurde, in verwandtschaftlichen Beziehungen zu *Rhynchonella belemnitica* aus dem unteren Lias zu stehen.

Dass wohl zwischen *Rhynchonella curviceps* QUENST. sp. und gewissen Formen der *Rhynchonella calcicosta* Beziehungen bestehen, wurde schon gesagt.

Ebenso werden sich wohl im Laufe der Zeit genauere Anhaltspunkte über den Zusammenhang der *Rhynchonella curviceps* mit *Rhynchonella Rosenbuschi* ergeben.

Zwischen *Rhynchonella curviceps* und *Rhynchonella amalthei* QUENST. sp. bestehen, wenn auch seltener, Zwischenformen, desgleichen zwischen letzterer Spezies und *Rhynchonella rimosa* BUCH. sp. *Rhynchonella rimosa* selbst ist eng mit *Rhynchonella furcillata* THEODORI sp. verbunden; Mittelformen zwischen beiden Arten sind zwar in Elsass-Lothringen sehr selten, doch hat QUENSTEDT die Verwandtschaft der beiden Arten in Schwaben nachgewiesen.

Ob *Rhynchonella triplicata* QUENST. sp. mit *Rhynchonella Beneckei* nov. sp. verbunden ist, muss noch dahingestellt bleiben. Dass dagegen Uebergänge von letzterer Art nach *Rhynchonella Rosenbuschi* bestehen, scheint ausser Zweifel zu sein. Taf. IV. Fig. 9 zeigt eine solche Mittelform.

Ob man aus dem Vorkommen von gewissen Formen der *Rhynchonella Beneckei*, wie Taf. IV. Fig. 1—2, solche zeigt, auf einige etwaige Verwandtschaft zwischen dieser Art und *Rhynchonella acuta* SOW. sp. schliessen darf, ist noch zweifelhaft.'

Mit dem Angeführten ist die Reihe der Uebergänge noch nicht erschöpft, es bedarf aber zu deren Feststellung noch längerer Untersuchungen an Ort und Stelle, die sich der Verfasser für die Zukunft vorbehalten hat.

Tabelle zur Veranschaulichung des geologischen Vorkommens der liasischen Rhynchonelliden.

Lager.	Costaenschichten.	Margaritatenschichten.	Numismalienmergel und Davoeikalke.	Lias β-Thone.	Brevinnetchten.	Gryphitenkalk.	Angulaten- u. Planorbis-schichten.
Nach Gerstnayr.	Lias δ.		Lias γ.	Lias β.		Lias α.	
Rhynchonella acuta Sow. sp.	—						
Rhynchonella Rosenbachi n. sp.	—						
Rhynchonella Rutimeyeri n. sp.	—						
Rhynchonella Frescheri n. sp.	—						
Rhynchonella serpollata Q. sp.		—					
Rhynchonella amalthei Q. sp.	—						
Rhynchonella reversa Q. sp.			—				
Rhynchonella triplicata Q. sp.			—				
Rhynchonella rudellata Q. sp.			—				
Rhynchonella calcicosta Q. sp.			—				
Rhynchonella oxynoti Q. sp.			—				
Rhynchonella furcillata Theod. sp.			—				
Rhynchonella rimosa Buch sp.			—				
Rhynchonella nov. sp.					—	.....	
Rhynchonella Deffneri Oppel.					—	.....	
Rhynchonella Achbarei n. sp.					—	.....	
Rhynchonella grypháea Q. sp.					—	—	
Rhynchonella belemnitica Q. sp.						.....	—
Rhynchonella plicatissima Q. sp.						.....	—

..... bedeutet das geisgenetliche Vorkommen einer Species.

—— bedeutet das hauptsächliche Vorkommen einer Species.

Die Rhynchonellen des Dogger.

Rhynchonella Weigandi nov. sp.
Rhynchonella Frireni BRANCO.
Rhynchonella cf. *angulata* SOW. sp.
Rhynchonella Kirchhoferi nov. sp.
Rhynchonella Davidsoni CHAPUIS ET DEWALQUE.
Rhynchonella parvula DESLONGCHAMPS.
Rhynchonella acuticosta ZIETEN (HEHL) sp.
Rhynchonella Pallas CHAPUIS ET DEWALQUE.
Rhynchonella Andreæ nov. sp.
Rhynchonella lotharingica nov. sp.
Rhynchonella Edwardsi CHAPUIS ET DEWALQUE.
Rhynchonella cf. *Forbesi* DAVIDSON.
Rhynchonella obsoleta SOW. sp.
Rhynchonella concinna SOW. sp.
Rhynchonella badensis OPPEL.
Rhynchonella oligacantha BRANCO.
Rhynchonella Crossi WALKER.
Rhynchonella tenuispina WAAGEN.
Rhynchonella spinosa SCHL. sp.
Rhynchonella varians SCHL. sp.

Rhynchonella Weigandi nov. sp.

Taf. V, Fig. 13.

Circa 8 Millimeter lang und 7 Millimeter breit; kleine
Schale stark gewölbt, mit einem Wulst versehen, der durch

eine einzige scharfkantige, sehr stark hervorragende und am Stirnrande gerade abbrechende Rippe gebildet wird. — Einsenkung zwischen Wulst und Flügeln scharf ausgebildet. Diese sind mit je 3 Rippen versehen, wovon die dem Wulste zunächst liegende die kräftigste ist.

Die grosse Schale hat einen tief eingesenkten Sinus und 3—4 Rippen auf jedem Flügel. Schnabel spitz, hoch hinausragend, kaum übergebogen. Arealkanten sehr scharf, Foramen klein, Deltidium discret, Schlosslinie gerade. Die Wirbelgegend ist auf beiden Schalen ganz glatt.

Verhältniss zu anderen Arten. Verwandt mit *Rhynchonella Frireni* BRANCO, die jedoch eine andere Wulstbildung hat. Vielleicht zwischen *Rhynchonella Frireni* und *Rhynchonella cynocephala* RICH. sp. (mit einer Wulstrippe) stehend. (DAVIDSON. Oolitic and liasic brachiopoda. pag. 77. Taf. 14. Fig. 10).

Vorkommen: Unterer Dogger, β.

Lothringen: Moovauxthal bei Metz. (Murchisonæschichten, Oberregion.) (L. S.)

Sehr selten.

Rhynchonella Frireni BRANCO 1878.

Abhandlungen zur geol. Spez.-Karte von Elsass-Lothringen. Bd. II. Heft 1. BRANCO. Der untere Dogger von Deutsch-Lothringen. pag. 128. Taf. 6. Fig. 8.

Ich habe dem, was BRANCO über diese Art mittheilt, nichts hinzuzufügen.

Vorkommen: Unterer Dogger, β.

Lothringen: St. Quentin bei Metz (Murchisonæschichten, Oberregion.) (F. S. — L. S.)

Rhynchonella cf. *angulata* Sow. sp. 1825.

Taf. V, Fig. 3.

1825. SOWERBY. Mineral conchology of Great-Britain. vol. V. pag. 166.
Taf. 502. Fig. 4. (In Folge eines Druckfehlers *acuta* genannt.)
1848. BRONN. Index palaeontologicus. pag. 1229.
1849. D'ORBIGNY. Prodrome. vol. 1. pag. 286.
1852. DAVIDSON. Oolitic and liasic brachiopoda. pag. 92. Taf. 17. Fig. 13.
1859. OPPEL. Jura. pag. 433.
1870. GREPPIN. Jura bernois. pag. 30, 33, 51.
1878. DAVIDSON. Supplement. pag. 207.

Die kleine Schale ist mässig gewölbt und mit einem scharf ausgeprägten Wulste versehen, der 4—6 Rippen trägt. Letztere sind meist gleichmässig ausgebildet, scharfkantig und bis in den Wirbel hinein zu verfolgen. Die öfters ziemlich zurückgebogenen Flügel weisen je 4—5 Rippen auf. In der Einsenkung zwischen Rippen und Wulst entstehen hie und da auch einige neue Rippen. Dadurch wird eine Trennung zwischen beiden erschwert. Die der Einsenkung zunächst liegende Flügelrippe ist stets die stärkste.

Dasselbe Verhältniss findet auf der grossen Schale statt. Je nach der Beschaffenheit des Wulstes kann der Sinus mehr oder weniger tief eingeschnitten sein. Der Schnabel ist spitz und ziemlich übergebogen, das Deltidium ist discret. Die Arealkanten sind scharf, die Schlosslinie verläuft gerade. Länge 14 Millimeter, Breite 19 Millimeter.

Hie und da sind auch die Wulstrippen ungleichmässig ausgebildet, so dass die beiden mittleren stärker hervorspringen, als die andern. Dann entstehen Formen, die man mit *Rhynchonella subdecorata* DAVIDSON (Appendix. pag. 21. Taf. A. Fig. 23—26) zu vergleichen versucht ist. BRANCO hat diese Formen auch als solche aufgefasst. (Abhandl. geol. Spezial-Karte von Elsass-Lothringen. Bd. II. Heft 1. BRANCO, Unterer Dogger etc. pag. 34 und 37.)

Verhältniss zu anderen Arten. Im französischen Lothringen, zu Charey im département de la Meurthe-et-Moselle, finden sich mit *Rhynchonella concinna* und *Rhynchonella varians* zusammen Mittelformen zwischen *Rhynchonella varians* und *Rhynchonella angulata.* Sie haben bei allgemeiner Uebereinstimmung der Form mehr Rippen, als *Rhynchonella angulata,* während die Wirbelbildung der *Rhynchonella varians* entspricht. Auf die Beziehungen zwischen *Rhynchonella angulata, Rhynchonella concinna* und *Rhynchonella badensis* werde ich später zurückkommen.

Vorkommen: Unterer Dogger, β.

Lothringen: St. Quentin bei Metz, Ars a/M. (Murchisonæschichten, Oberregion.) (L. S.)

Nachbarländer: Mont St. Martin bei Longwy (Meurthe-et-Moselle). (Murchisonæschichten.) (L. S.) — Nuttenz im Baseler Jura. (Murchisonæschichten.) (G. S.)

Rhynchonella Kirchhoferi nov. sp.

Taf. VII, Fig. 1, 2, 4.

In der Jugend schlank, im Alter gerundet mit grösster Wölbung in der Mitte zwischen Wirbel und Stirn. Auch tritt im Alter ein Wulst hervor, der 2—4 Rippen trägt, und zwar sind diese um so stärker, je geringer die Zahl derselben ist. Jede Schale trägt 8—12 Rippen. Schnabel spitz, Deltidium discret. Die Arealkanten sind nur wenig scharf, die Schlosslinie ist fast ganz gerade. Bei den zur Rundung neigenden Formen biegt sich der Schnabel ein wenig über. Die Rippen reichen bei einzelnen Exemplaren bis zum Wirbel, bei andern verlaufen sie schon auf der Höhe des zweiten Drittheils der Schalen, vom Stirnrande an gerechnet. Ein Sinus ist kaum bemerkbar, selbst da nicht, wo der Wulst verhältnissmässig stärker ausgeprägt ist.

48

Vorkommen: Mittlerer Dogger, γ.

Côte de la Rique bei Lorry. (Unterer Korrallenkalk. Bernouilli-schichten.) (L. S.)

Häufig.

Bezüglich des Verhältnisses zu anderen Arten. cf. pag. 75.

Diese Art trägt den Namen eines alten Freundes des Verfassers, des Herrn Professor E. Th. Kirchhofer zu Stuttgart.

Rhynchonella Davidsoni Chapuis et Dewalque. 1851.

Taf. V, Fig. 2, 10.

1851. Chapuis et Dewalque. Terrains secondaires du Luxembourg. pag. 253. Taf. 37. Fig. 6.

Die kleine Schale pflegt nur schwach gewölbt zu sein, nur in seltenen Fällen wird sie etwas bauchig. Der Wulst ist nicht stark ausgeprägt und verschwindet häufig ganz; er trägt 3—4 Rippen. Von einer Spaltung derselben, wie sie Chapuis und Dewalque angegeben, habe ich nichts bemerkt.

Die grosse Schale ist fast ganz flach; ein eigentlicher Sinus ist nicht vorhanden. Der Schnabel ist ziemlich spitz, kaum übergebogen und ragt hoch hinaus.

Beide Schalen sind sehr breit; dadurch entsteht eine unverhältnissmässig grosse Area, die sehr feine Streifen trägt. Die Arealkanten selbst sind sehr scharf; die Schlosslinie ist kaum gebogen. Das Deltidium ist discret. Die Flügelecken befinden sich fast auf gleicher Höhe, wie das Foramen, was der Form ihr charakteristisches Aussehen giebt. Beide Schalen sind mit zierlichen Anwachsstreifen versehen.

Länge 7—8 Millimeter, Breite 10—11 Millimeter.

Verhältniss zu anderen Arten. Diese Spezies dürfte vielleicht eine locale Abänderung der *Rhynchonella acuticosta* sein, wenn sie gleich nie deren Dimensionen erreicht.

Vorkommen: Unterer Dogger, ♂.

Lothringen: fehlt, dagegen häufig bei Longwy (Meurthe-et-Moselle). (Korallenkalk.) (L. S. — F. S.)

Rhynchonella parvula DESLONGCHAMPS. 1862.

Taf. V, Fig. 14.

1862. DESLONGCHAMPS. Etudes critiques sur des Brachiopodes nouveaux etc. pag. 29. Taf. 5. Fig. 5—6.
1868. WAAGEN. Ueber die Zone des *Ammonites Sowerbyi*. (BENECKE. Geognostisch-palaeont. Beiträge. I. pag. 639. Taf. 32. Fig. 4 a—c.
1878. DAVIDSON. Supplement. pag. 219. Taf. 27. Fig. 21.

Die kaum gewölbte kleine Schale ist mit 8—9 Rippen versehen. 2—3 davon stehen auf dem ziemlich ausgesprochenen Wulste. Dieselben sind stets scharfkantig.

Die grosse Schale mit ebenfalls 8—9 Rippen hat einen spitzen Schnabel, der frei hinausragt und nur wenig auf die kleine Schale übergebogen ist. Der Sinus ist ziemlich tief eingeschnitten und je nach der Entwicklung des Wulstes mit 1—2 Rippen geziert. Auch diese sind scharfkantig, wie die der kleinen Schale und verlaufen ebenfalls bis in den Wirbel.

Die Arealkanten sind scharf, die Schlosslinie ist gerade. Das kleine Foramen wird von einem discreten Deltidium begrenzt.

Breite 12 Millimeter, Länge 8—9 Millimeter.

Vorkommen: Unterer Dogger, ♂.

Lothringen: Lorry bei Metz. (Korallenkalk.) (L. S.)

Nachbarländer: Rangiers im Berner Jura. (Oolithe ferrugineuse.) (G. S.)

4

Rhynchonella acuticosta Zieten (Hehl) sp. 1834.

Taf. VII, Fig. 3.

1832—34. Zieten. Versteinerungen Württembergs. pag. 58. Taf. 43. Fig. 2.
1843. Quenstedt. Flözgebirge Württembergs. pag. 352.
1852. Derselbe. Handbuch. pag. 456. Taf. 36. Fig. 33.
1858. Derselbe. Jura. pag. 424. Taf. 58. Fig. 9—20.
1859. Oppel. Jura. pag. 432.
1867. Quenstedt. Handbuch. 2. Aufl. pag. 544. Taf. 46. Fig. 33.
1869. Brauns. Mittlerer Jura. pag. 289.
1870. Greppin. Jura bernois. pag. 33 und 15.
1871. Quenstedt. Brachiopoden. pag. 105 u. folg. Taf. 39. Fig. 27—32.
1879. Szajnocha. Brachiopoden der Oolite von Balin. pag. 27. Taf. VI. Fig. 3—4.

Eine ächte *Rhynchonella acuticosta* kenne ich aus Elsass-Lothringen bis jetzt noch nicht. Es scheint, dass daselbst eine andere wichtige Spezies deren Stelle vertritt, die, wenn sie auch ihre nahe Verwandtschaft mit *Rhynchonella acuticosta* nicht verkennen lässt, doch von letzterer Art aus nachher zu erörternden Gründen getrennt gehalten werden muss. Ein typisches Exemplar von *Rhynchonella acuticosta* besitzt die Landessammlung von Elsass-Lothringen. Es stammt aus der Sammlung des Herrn Dr. Greppin und kommt aus dem Bajocien von Schauenburg im Berner Jura. (Greppin. Jura bernois. pag. 33.)

Terquem und Jourdy unterschieden neben unserer Spezies noch als besondere Art *Terebratula Theodori* und führen dieselbe von Les Clapes im alten département de la Moselle an, wo sie mit *Rhynchonella acuticosta* zusammen vorkommen soll. «Cette espèce se distingue de *Rhynchonella acuticosta* par ses gros plis (6—8) et une forme plus arrondie.» (Terquem et Jourdy. Etage bathonien du département de la Moselle. pag. 136.)

Rhynchonella Pallas Chapuis et Dewalque. 1851.

Taf. V, Fig. 11—12. Taf. VII, Fig. 5.

1851. Chapuis et Dewalque. Terrains secondaires du Luxembourg. pag. 254. Taf. 37. Fig. 7.

Die kleine Schale ist ziemlich gewölbt, und zwar liegt die grösste Wölbung direct unter dem Wirbel. Der stark hervorragende Wulst ist mit 4—5 scharfkantigen Rippen versehen. Je 7—8 derselben kommen auf die Flügel.

Die grosse Schale hat einen spitzen Schnabel und ein von einem umfassenden Deltidium begrenztes, mittelgrosses Foramen. Der Schnabel ist nur wenig auf die kleine Schale herabgebogen, die Arealkanten sind abgerundet und die Schlosslinie ist ziemlich gebogen. Der Sinus ist ziemlich tief und sehr breit; von den Flügelrippen ist meist die zweite oder dritte kräftiger entwickelt als die andern. Sämmtliche Rippen verlaufen bis in den Wirbel.

Länge 25—30 Millimeter, Breite 35—40 Millimeter.

Taf. VII. Fig. 5 veranschaulicht das Aussehen der Jugendformen von *Rhynchonella Pallas*. Sie sind von den in denselben Schichten vorkommenden jungen Exemplaren der *Rhynchonella obsoleta* nur dann leicht zu unterscheiden, wenn die scharfen Rippen und der Wulst sich schon verhältnissmässig frühe zeigen. *Rhynchonella Niobe* CHAPUIS ET DEWALQUE (Terrains secondaires du Luxembourg. pag. 258. Taf. 37. Fig. 5.) scheint jedenfalls nur eine solche junge *Rhynchonella Pallas* zu sein.

Verhältniss zu anderen Arten. Es liegt die Vermuthung nahe, dass diejenigen Formen, welche ZIETEN *Terebratula quadriplicata* nennt (Versteinerungen Württembergs. Taf. 41. Fig. 3.) und wenigstens ein Theil derjenigen, die QUENSTEDT unter dieser Bezeichnung zusammenfasst, mit unserer Art verwandt sind und man dieselbe als eine locale Abänderung von *Rhynchonella quadriplicata* auffassen darf. Besonders die Jugendformen der *Rhynchonella Pallas*. Taf. VII. Fig. 5 scheinen zu einer solchen Annahme zu berechtigen.

Vorkommen: Unterer Dogger, δ.

Lothringen: Lorry, Norroy-le-Veneur, St. Quentin bei Metz. (Korallenkalk.) (F. S. — L. S.)

Nachbarländer: Roppe bei Belfort. (Humphriesianusschichten.) (L. S.)

Rhynchonella Andreae nov. sp.

Taf. VII, Fig. 6—7.

Kleine, kaum 7—8 Millimeter breite und 6 Millimeter lange Form. Die kleine Schale ist mit 14—16 scharfkantigen Rippen versehen. Die beiden mittleren überragen die übrigen um ein Weniges und bilden somit eine Art Wulst. Die grosse Schale weist dieselben Verhältnisse auf. Es ist kein Sinus vorhanden. Der Schnabel ist spitz, das Deltidium ist discret, die Arealkanten sind ziemlich scharf. Die Schlosslinie ist leicht gebogen.

Vorkommen: Unterer Dogger, δ.
Lothringen: Plappeville bei Metz. (Korallenkalk.) (F. S. — L. S.)

Rhynchonella lotharingica nov. sp.

Taf. V, Fig. 4—9, 16—18. Taf. VII, Fig. 19—20.

Ca. 13 Millimeter lang und 15—16 Millimeter breit. Die kleine Schale ist im Jugendzustande nur sehr wenig gewölbt und wird erst mit Zunahme der Grösse bauchiger. Sie ist mit 18—22 scharfkantigen Rippen versehen, deren 4 den ziemlich ausgesprochenen Wulst bilden.

Die grosse Schale hat einen nur wenig tiefen Sinus, ebenso viel Rippen, wie die kleine, einen sehr spitzen Schnabel, der frei hinausragt und kaum übergebogen ist, ein ziemlich grosses Foramen und ein discretes Deltidium. Die Arealkanten sind sehr scharf, die Schlosslinie verläuft fast gerade. Die Rippen reichen auf beiden Schalen bis in den Wirbel hinein.

Die Entwicklung der *Rhynchonella lotharingica* konnte genau verfolgt werden. Sie bietet keine besonderen Eigenthümlichkeiten; beachtenswerth ist höchstens der Umstand, dass der Schnabel bei manchen Jugendexemplaren nicht symmetrisch in der Mitte der grossen Schale steht, sondern öfters mehr nach der linken oder rechten Seite hinübergebogen ist. (Taf. V. Fig. 8.)

Verhältniss zu anderen Arten. Der ganze Habitus unserer Art erinnert an *Rhynchonella acuticosta*, von welcher sie sich durch ihre viel weniger in die Breite gezogene Wirbelgegend, den spitzeren und viel freier hinausragenden Schnabel und die gewölbtere kleine Schale unterscheidet. Dazu kommt noch der Umstand, dass die Flügelecken niemals auf gleicher Höhe mit dem Wirbel liegen, wie dies bei *Rhynchonella acuticosta* der Fall ist. Ihr Lager liegt zwar etwas höher, als das von *Rhynchonella acuticosta*, doch kann man nichtsdestoweniger unsere Art als die Vertreterin oder Nachfolgerin der *Rhynchonella acuticosta* in Lothringen ansehen.

Bemerkenswerth ist weiterhin die nahe Verwandtschaft unserer Art mit der im folgenden beschriebenen *Rhynchonella Edwardsi* CHAPUIS und DEWALQUE. Beide Formen sind, wie wir später sehen werden, wohl die Vorläufer der Gruppe der *Rhynchonella varians* und derjenigen der *Rhynchonella concinna*. Auch Uebergänge nach *Rhynchonella badensis* Oppel sind vorhanden.

Vorkommen: Oberer Dogger, ε; Oberes Vesullian.

Unter-Elsass: Buchsweiler. (Oberer Hauptrogenstein.) (L. S.)

Lothringen: Gorze, Flavigny, Plaine de Geaie bei Ars, Génivaux, St. Privat bei Metz, Jaumont, Vernéville. (Mergel von Gravelotte.) (L. S.)

Nachbarländer: Movelier im Berner Jura. (Hauptrogenstein. Couche à échinides.) (G. S.)

Rhynchonella Edwardsi CHAPUIS ET DEWALQUE. 1851.

Taf. V, Fig. 6, 15, 16, 18.

1851. CHAPUIS ET DEWALQUE. Terrains secondaires du Luxembourg. pag. 255. Taf. 37. Fig. 9.

18—20 Millimeter lang, 17—19 Millimeter breit. Die kleine ziemlich gewölbte Schale ist mit 24—26 scharfkantigen Rippen versehen, die bis zum Wirbel hinaufreichen. 4—6 davon kommen auf den wenig ausgebildeten Wulst. Sie sind stärker entwickelt als diejenigen auf den Flügeln.

Der Sinus auf der mit ebensoviel Rippen versehenen, grossen Schale ist breit und wenig tief. Das Foramen ist ziemlich gross; das Deltidium ist umfassend. Der Schnabel selbst ist sehr spitz und kaum übergebogen. Die Arealkanten sind sehr scharf; die Schlosslinie ist gebogen.

Verhältniss zu anderen Arten. In der Jugend gleicht diese Art der *Rhynchonella lotharingica*. Im allerersten Jugendstadium ist sie sogar nicht von dieser zu trennen. Erst bei fortschreitendem Wachsthum wird sie länglicher, als die jungen *Lotharingica*-Formen und nimmt den für die *Rhynchonella Edwardsi* charakteristischen Habitus an. Auch das unsymmetrische Verhalten der Wirbelspitze, das bei den Jugendformen der *Rhynchonella Edwardsi* statt hat, kann man an diesen Exemplaren beobachten. Das Deltidium ist im Jugendzustande noch discret, erst bei der fast ausgewachsenen Rhynchonelle wird es umfassend. Mittelformen zwischen *Rhynchonella lotharingica* und *Rhynchonella Edwardsi* sind sehr häufig. (Taf. V. Fig. 6, 16, 18.) Beide Formen kommen fast stets mit einander vor. Wie es bei *Rhynchonella Schimperi*, *Rhynchonella gryphitica* und *Rhynchonella Deffneri* der Fall war, so entwickeln sich auch hier zwei im ausgewachsenen Zustande scharf von einander getrennte Arten aus einer und derselben Jugendform. Bezüglich weiterer Verwandtschaften etc. siehe unten.

Vorkommen: Oberer Dogger, ε: Oberes Vesultian.

Unter-Elsass: Buchsweiler. (Oberer Hauptrogenstein.) (L. S.)

Lothringen: Gorze, Flavigny, Vernéville, Rézonville, Génivaux, bei Metz. (Mergel von Gravelotte.) (L. S.)

Rhynchonella cf. Forbesi DAVIDSON. 1852.

Taf. V, Fig. 1.

1852. DAVIDSON. Oolitic and liasic brachiopoda. pag. 84. Taf. 17. Fig. 19.

Kleine Form von rundlicher Gestalt. Die kleine Schale sehr stark gewölbt und zwar liegt die grösste Wölbung gleich unter dem Wirbel. Der Wulst ist kaum angedeutet.

Beide Schalen sind mit je 20—24 gleichmässig entwickelten und scharfkantigen Rippen versehen, die bis in den Wirbel verlaufen. Der Schnabel ist sehr spitz und ragt frei hinaus, ohne nur im geringsten übergebogen zu sein. Das Foramen ist ziemlich klein und wird von einem grossen aber discreten Deltidium begrenzt. Die grosse Schale bildet in Folge der sehr schlanken Wirbelspitze eine ziemlich grosse falsche Area, deren Kanten abgerundet sind. Die Schlosslinie ist leicht gebogen. Länge 9—12 Millimeter, Breite 11—14 Millimeter.

Verhältniss zu anderen Arten. Die grösseren Formen dieser Spezies haben die meiste Aehnlichkeit mit der ächten *Rhynchonella Forbesi* DAVIDSON. Doch ist bei unserer Form der Schnabel nie umgebogen, wie bei letzterer, und die kleine Schale weit rundlicher als bei dieser.

Wenn unsere Exemplare auch nicht ganz mit *Rhynchonella Forbesi* stimmen, so scheinen mir ihre Unterscheidungsmerkmale doch zu geringfügig, um sie als neue Spezies aufzustellen.

Vorkommen: Oberer Dogger, ε; Oberes Vesullian.

Unter-Elsass: Wolxheim. (Oberer Hauptrogenstein.) (L. S.)

Rhynchonella obsoleta Sow. sp. 1812.

Taf. VII, Fig. 8—11.

1812. SOWERBY. Mineral conchology of Great-Britain. vol. 1. pag. 192. Taf. 83. Fig. 7—8.

1852. QUENSTEDT. Handbuch. pag. 453. *Rhynchonella quadriplicata*
ZIETEN sp. z. Thl.
1852. DAVIDSON. Oolitic and liasic brachiopoda. pag. 90. Taf. 17. Fig. 1.
1858. QUENSTEDT. Jura. pag. 423. *Rhynchonella quadriplicata* ZIETEN
sp. z. Thl.
1859. OPPEL. Jura. pag. 490.
1867. QUENSTEDT. Handbuch. 2. Aufl. pag. 542. *Rhynchonella quadriplicata* ZIETEN sp. z. Thl.
1870. GREPPIN. Jura bernois. pag. 40, 41, 45.
1871. QUENSTEDT. Brachiopoden. pag. 80 und folgende. *Rhynchonella
quadriplicata* ZIETEN sp. z. Thl.
1878. DAVIDSON. Supplement. pag. 257. Taf. 29. Fig. 4.

Ca. 24—25 Millimeter lang und 22—23 Millimeter breit.
Seltener vorkommende grössere Exemplare werden etwas breiter
als lang. Beide Schalen sind mit je 22—26 scharfkantigen Rippen
versehen, von denen 4—7 auf den mehr oder weniger ausgesprochenen Wulst kommen. Diese sind, wie diejenigen im Sinus der
grossen Schale, scharfkantiger als die auf den Flügeln stehenden.
Die kleine Schale ist mässig gewölbt.

Das Deltidium ist umfassend. Diesen Umstand benützt
SOWERBY als hauptsächliches Unterscheidungsmerkmal der *Rhynchonella concinna* von der *Rhynchonella obsoleta*. Der schlanke
und spitze, frei hinausragende Schnabel, der nicht auf die kleine
Schale übergebogen ist, bewirkt die Bildung einer falschen Area
mit mässig scharfen Kanten.

Bei den nachher zu erwähnenden Mittelformen biegt sich die
Schnabelspitze immer mehr auf die kleine Schale über, je mehr die
ganze Form sich dem *Concinna*-Typus nähert.

Verhältniss zu anderen Arten. QUENSTEDT vereinigt mit
Rhynchonella quadriplicata ZIETEN sp. *Rhynchonella concinna* Sow. sp.
und noch «vieles Anderes», wie er (Brachiopoden. pag. 81) sagt. Es ist
nun allerdings nicht zu läugnen, dass beide Formen einander sehr nahe
stehen, allein die typische *Rhynchonella concinna* mit ihren stark um-

gebogenen, tief in den Wulst der kleinen hineingreifenden grossen Schale und die länglicheren *Obsoleta*-Formen mit ihrer geringeren Anzahl von Rippen und ihrem umfassenden Deltidium, im Gegensatz zum discreten Deltidium der *Rhynchonella concinna*, stehen doch weit auseinander.

OPPEL führt *Rhynchonella concinna* nur aus dem Gross-Oolith und dem Bradford-Clay an und stimmt darin mit der zuerst von DAVIDSON 1852 (Oolitic and liasic brachiopoda.) ausgesprochenen Ansicht überein. In seinem 1878 erschienenen Supplement etc. begreift DAVIDSON jedoch auch *Obsoleta*-ähnliche Formen aus dem Inferior-Oolite mit unter *Rhynchonella obsoleta*.

Auch in Elsass-Lothringen kommen schon in den tieferen Schichten ähnliche Formen vor, die von der ächten *Rhynchonella obsoleta* nicht zu trennen sind.

Ich schliesse mich der Ansicht DAVIDSON's an und habe deshalb diese Formen ebenfalls unter *Rhynchonella obsoleta* Sow. sp. einbegriffen.

Wie in Schwaben alle diejenigen Formen, welche QUENSTEDT zu den Quadriplicaten stellt, enge unter einander zusammenhängen, so ist das auch in Elsass-Lothringen der Fall mit denjenigen Formen, welche daselbst Vertreter dieser Gruppe sind, wie *Rhynchonella concinna*, *Rhynchonella obsoleta*, *Rhynchonella badensis* und andere mehr. Mehr darüber siehe weiter unten.

Vorkommen: Unterer Dogger, δ — Oberer Dogger, ε.

Ober-Elsass: Aue bei Sentheim. (Oberer Hauptrogenstein.) (L. S.)

Unter-Elsass: Buchsweiler. (dit.) (L. S.)

Lothringen: Monvaux, Moyeuvre. (Unteres Vesullian; Mergel von Longwy.) (L. S.)

Nachbarländer: Charoy (Meurthe-et-Moselle). (Varianschichten.) (L. S.) — Montagne de Cornol, Movelier, im Berner Jura. (Oberes Vesullian.) (G. S.)

58

Rhynchonella concinna Sow. sp. 1812.

Taf. VI, Fig. 3—4.

1812. SOWERBY. Mineral conchology of Great-Britain. vol. I. pag. 192.
Taf. 83. Fig. 6.
1812. Derselbe. ibid. vol. VI. pag. 67. Taf. 536. Fig. 1. *Rhynchonella rostrata* Sow. sp.
1834. BUCH. Ueber Terebrateln etc. pag. 64. (In der franz. Bearbeitung Mém. Soc. géol. de France. 1838. vol. III. pag. 141. Taf. 14. Fig. 14.)
1848. BRONN. Index palaeontologicus. pag. 1233.
1852. QUENSTEDT. Handbuch. pag. 454. *Rhynchonella quadriplicata* ZIET. sp. z. Thl.
1858. QUENSTEDT. Jura. pag. 499. *Rhynchonella quadriplicata* ZIET. sp. z. Thl.
1859. OPPEL. Jura. pag. 499.
1863. OOSTER. Brachiopodes des Alpes suisses. pag. 45.
1866. TERQUEM ET JOURDY. Etage bathonien. pag. 136.
1867. QUENSTEDT. Handbuch. 2. Auflage. pag. 512. *Rhynchonella quadriplicata* ZIET. sp. z. Thl.
1870. GREPPIN. Jura bernois. pag. 46, 51.
1871. QUENSTEDT. Brachiopoden. pag. 80, 92, 143. Taf. 38. Fig. 36. Taf. 40. Fig. 63—67.
1878. DAVIDSON. Supplement. pag. 205 und folgende. Taf. 27. Fig. 22—28.
1879. SZAJNOCHA. Brachiopoden der Oolite von Balin. pag. 29. Taf. 6. Fig. 10—13.

Im Mittel 19 Millimeter lang und 20—22 Millimeter breit, die kleine Schale im ausgewachsenen Zustande sehr stark gewölbt. Die grosse Schale sendet einen zungenförmigen Fortsatz weit vor gegen den Wulst der kleinen Schale. Dies gibt der ganzen Form ein so charakteristisches Aussehen, dass sie sich nicht leicht mit andern Arten verwechseln lässt. (Taf. VI, Fig. 3c u. 4c.)

Beide Schalen sind mit je 26—32 sehr scharfkantigen Rippen geziert, die bis in den Wirbel verlaufen; 6—8 derselben kommen auf den nicht sehr stark ausgesprochenen Wulst der kleinen Schale. Dieselben sind meist gleichmässig ausgebildet; Ausnahmen hievon kommen selten vor. Die Rippen verlaufen nicht gerade, sondern sind leicht gegen den Sinus der grossen Schale zu eingebogen. Letzterer greift, wie erwähnt, weit vor auf den Wulst und ist breit und wenig tief. Die Zahl seiner Rippen variirt, entsprechend der Anzahl derjenigen auf dem Wulste zwischen 5—7. Der Schnabel ist ziemlich schlank, sehr spitz und leicht auf die kleine Schale übergebogen. Das rundliche Foramen ist von mittlerer Grösse und von einem discreten Deltidium begrenzt. Die Arealkanten sind ziemlich abgerundet, die Schlosslinie ist leicht gebogen.

Verhältniss zu anderen Arten. Die jungen *Concinna*-Formen haben ein *Obsoleta*-ähnliches Aussehen, was D'Orbigny veranlasst hat, diese letztere Spezies als das Jugendstadium der *Rhynchonella concinna* anzusehen (Pr. vol. I. pag. 315), was schon darum nicht richtig sein kann, weil *Rhynchonella obsoleta* die *Rhynchonella concinna* an Grösse oft bedeutend übertrifft. Dass *Rhynchonella flabellata* und *rostrata* Sow. sp. nur Jugendformen der *Rhynchonella concinna* sind, hat Davidson gezeigt. (Oolitic and liasic brachiopoda. pag. 89). Die ersten Jugendstadien von *Rhynchonella obsoleta* und *Rhynchonella concinna* sind einander ganz gleich; und erst bei einer gewissen Grösse wird es möglich, eine Trennung vorzunehmen. Mittelformen zwischen beiden Spezies sind in allen Modalitäten vorhanden. Mehr darüber siehe unten.

Bemerkenswerth ist noch der Umstand, dass die jungen Formen viel weniger Rippen besitzen, als die ausgewachsenen, indem mit dem allmäligen Grösserwerden der Rhynchonellen an den Flügelecken immer mehr neue Rippen entstehen.

Vorkommen: Oberer Dogger, ε; Variansschichten.

Ober-Elsass: Pfirt und Umgebung. (L. S.)

Unter-Elsass: Buchsweiler (L. S.)

Nachbarländer: Charey, Hagéville (Meurthe-et-Moselle).
(L. S.) — Vogisheim im Breisgau. (U. S.) — Ederschwyler, Metz-
erlen, Tannmatt, Levencourt-Larg, Zyfen-Seewen im Berner
Jura, Wartenberg im Baseler Jura. (G. S.)

Rhynchonella badensis OPPEL. 1859.

Taf. VI, Fig. 1—2.

1859. OPPEL. Jura. pag. 500.
1859. DESLONGCHAMPS. Notes sur le Terrain callovien. 4 vol. B. Soc. lin.
de Normandie. Taf. 4. Fig. 2 des ganzen Bandes. pag. 45
der Abhandlung.
1870. GREPPIN. Jura bernois. pag. 51.

Bei unsern Formen ist die kleine Schale stets viel weniger
gewölbt, als bei *Rhynchonella concinna*. Dadurch bekommen die
Schalen eine viel weniger rundliche Form als letztere Spezies.
Ausserdem haben dieselbe eine gewisse Tendenz in die Breite
zu wachsen, wie das Fig. 1 a, Taf. VI zeigt. Die Rippen sind
weniger zahlreich, als bei den *Concinna*-Formen und der Schnabel
ist weniger übergebogen. Arealkanten und Schlosslinie verhalten
sich ganz wie diejenigen bei *Rhynchonella concinna*. Das Deltidium ist meist umfassend, doch kommen auch Formen vor, bei
denen dasselbe bei aller sonstigen Uebereinstimmung mit *Rhynchonella badensis* doch discret ist.

OPPEL spricht von einer Fläche, die von 5—7 Rippen der
grossen Schale, welche sich von der Stirne weit nach vorne
ziehen, gebildet wird, und zwar vor ihrer Vereinigungsstelle mit
denjenigen der grossen Schale (Jura. pag. 500). Diese Eigenthümlichkeit weist aber *Rhynchonella concinna* auch auf und
kann ich sie nicht als besonderes Merkmal der *Rhynchonella
badensis* anerkennen. Seine Originale zeigen sie auch nicht besonders deutlich. (Taf. VI. Fig. 1.)

Szajnocha (Brachiopoden der Oolite von Balin. pag. 29) spricht von gewissen Concinna-Typen, die den ganzen Habitus der letzteren Spezies, aber ein dem der *Rhynchonella obsoleta* ähnliches Deltidium haben. Dies scheinen mir, auch nach den Abbildungen auf Taf. 6 seiner Abhandlung zu schliessen, Mittelformen zwischen *Rhynchonella concinna* und *Rhynchonella badensis* zu sein.

Die durchschnittliche Breite unserer Exemplare beträgt ca. 24—27 Millimeter, die durchschnittliche Länge derselben ca. 20—23.

Verhältniss zu anderen Arten. Unsere Art ist von manchen Autoren entweder nicht anerkannt, oder doch vielfach falsch gedeutet. So fasst z. B. Deslongchamps in der oben citirten Abhandlung diese Art ganz unrichtig auf und das, was er als *Rhynchonella badensis* abbildet, ist sicherlich keine ächte *Badensis*-Form. Allerdings ist *Rhynchonella concinna* durch die mannigfachsten Uebergänge mit *Rhynchonella badensis* verbunden, so dass die Ansicht mancher Autoren, diese letztere Spezies als eine Varietät der *Rhynchonella concinna* anzusehen begreiflich erscheint. Auch Uebergänge zwischen *Rhynchonella obsoleta* und *Rhynchonella badensis* sind vorhanden. Die auf Taf. VI, Fig. 1—2 gegebenen Abbildungen, die ich der Freundlichkeit des Herrn Professors Zittel in München verdanke, sind nach den Originalen Oppel's in der dortigen Sammlung angefertigt. Wenn man diese Darstellungen mit den Fig. 3—4 auf derselben Tafel vergleicht, wird man sich leicht überzeugen, dass es Formen gibt, welche von *Rhynchonella concinna* und von *Rhynchonella obsoleta* getrennt gehalten werden müssen. Oppel stellt *Rhynchonella badensis* zwischen *Rhynchonella angulata* und *Rhynchonella concinna* und gibt als Hauptunterschied mit *Rhynchonella angulata* die grössere Anzahl der Rippen bei *Rhynchonella badensis* an. Von *Rhynchonella concinna* unterscheidet sich *Rhynchonella badensis* nach seiner Angabe durch den etwas stärker entwickelten Sinus, den weniger gekrümmteren Schnabel und das umfassende Deltidium.

Vorkommen: Oberer Dogger, ε; Variansschichten.

Ober-Elsass: Umgebung von Pfirt. (L. S.).

Nachbarländer: Movelier-Mönchenstein, Liesberg im
Berner Jura. (G. S.) — Vögisheim im Breisgau. (L. S.) — Hagéville (Meurthe-et-Moselle)*. (L. S.)

Die Gruppe der *Rhynchonella spinosa* SCHL. sp. und
ihrer Verwandten.

Rhynchonella oligacantha BRANCO. 1878.

1879. Abhandlungen zur geol. Spez.-Karte von Elsass-Lothringen. Bd. II.
        Heft 1. BRANCO. Der untere Dogger von Deutsch-Lothringen.
        pag. 127. Taf. 6. Fig. 7.

Den Angaben BRANCO's ist Nichts hinzuzufügen.

Vorkommen: Unterer Dogger β, β-γ.

Lothringen: St. Quentin bei Metz. (Murchisona- und Sowerbyischichten.) (F. S. — L. S.)

Rhynchonella Crossi WALKER. 1869.

Taf. VI, Fig. 5.

1869. Procadings of the Yorkshire Naturaliste Club. pag. 214.
1857. DESLONGCHAMPS. Descriptions des couches du système oolitique
        du Calvados. Bulletin Soc. Linn d. Norm. Vol. II. pag. 17.
        Taf. V. Fig. 1—1 a. *Rhynchonella spinosa* SCHL. sp.
1870. WALKER. Rhynchonella of the Bradford-Clay. Geolog. Mag. vol. VII.
        pag. 262.
1871. QUENSTEDT. Brachiopoden. Taf. 39. Fig. 52. (pag. 112). *Rhyncho-
        nella spinosa* SCHL. sp.
1878. DAVIDSON. Supplement. pag. 223. Taf. 27. Fig. 17.

---

* Anmerkung. Bei Hagéville fanden sich nur einige seltene Exemplare,
die vielleicht Mittelformen zwischen *Rhynchonella concinna* und *Rhynchonella
badensis* sind. Die ächte *Badensis*-Form scheint wohl auf das Rheinthal und die
angrenzenden Gebiete des Berner Jura beschränkt zu sein.

Die kleine Schale weist einen aus 3—5 scharfkantigen
Rippen bestehenden, ziemlich ausgebildeten Wulst auf. Die Flügel
sind mit 4—5 nur schwach ausgeprägten Rippen versehen. In
den Einsenkungen zwischen Wulst und Flügeln entstehen öfters
neue Rippen, die entweder stark anwachsen und so eine neue
Wulstrippe bilden können, oder nur schwach entwickelt sind.
Daher kommt die oben angeführte, zwischen 3 und 5 variirende
Zahl der Wulstrippen. 6 derselben kommen nur in sehr seltenen
Fällen vor. Diese neu hinzukommenden Wulstrippen zeigen hie
und da die auffallende Erscheinung einer Spaltung nach dem
Stirnrande hin, was auch bei ganz grossen Exemplaren der *Rhyn-
chonella spinosa* manchmal bemerkbar ist.

Die grosse Schale hat im Sinus 2—4 Rippen und auf den
Flügeln deren 5—6. Letztere sind nicht immer in gleicher Anzahl auf beiden Flügeln vorhanden. Auch hier tritt eine Spaltung
der Rippen nach dem Stirnrande zu ein, meist an denjenigen,
die dem Sinus zunächst liegen. Der Schnabel ist ziemlich spitz
und öfters etwas auf die kleine Schale herabgebogen. Das Deltidium ist umfassend. Die Arealkanten sind sehr scharf. Die
Schlosslinie verläuft erst gerade, ist aber dann gegen die Flügelecken hin leicht gebogen. Alle Rippen auf beiden Schalen sind
nun mit einer gewissen, stets etwas variirenden Anzahl von
durchbohrten Stacheln versehen, die mit der Rippe selbst einen
ziemlich spitzigen Winkel bilden. Die Durchbohrung dieser stacheligen Fortsätze konnte ich an den Elsass-Lothringer Exemplaren dieser Spezies wegen Mangels der Schale nicht wahr-
nehmen. Ein von Herrn Dr. WEIGAND mir gegebenes Exemplar
dieser Art aus den Humphresianusschichten von Holderbank
im Kanton Aargau zeigt diese Eigenthümlichkeit aber sehr gut.
Je mehr solcher stacheligen Fortsätze nun auf den Rippen sitzen,
desto höher reichen auch diese letzteren gegen den Wirbel hin
hinauf. Wenn jede Rippe nur 4—5 Stacheln trägt, kann man

noch eine reihenweise Anordnung derselben beobachten. Es verlaufen in diesem Falle auch die Rippen schon in der Höhe des
zweiten Drittheils beider Schalen, vom Stirnrande an gerechnet,
so dass der Wirbel ganz glatt bleibt. Die Flügelrippen sind selbstverständlich noch etwas höher hinauf zu verfolgen. Dieser Umstand tritt hauptsächlich bei Exemplaren mit einer geringen Anzahl von Wulstrippen auf. Da hingegen, wo sich deren mehr
vorfinden, sind auch mehr Stacheln auf denselben vorhanden;
die reihenweise Anordnung der ersteren ist dann nicht mehr zu
erkennen und die Rippen verlaufen bis in die Wirbelspitzen. Es
kann dann auch der Fall eintreten, dass die Wirbelspitze stark
auf die kleine Schale herabgebogen wird, so dass diese Form
wie ein Miniaturbild jener grossen Exemplare von *Rhynchonella
spinosa* Schl. sp. aussieht, die man nur in den obersten Schichten
des Bathonien findet. Eine ähnliche Erscheinung wurde schon
bei *Rhynchonella Rosenbuschi* nov. sp. aus dem Lias, pag. 35
beschrieben.

Durchschnittliche Länge ca. 11—12 Millimeter, Breite ca.
16—17 Millimeter.

Verhältniss zu anderen Arten. Diese Art ist durch Mittelformen
mit *Rhynchonella oligacantha* Branco verbunden. Es liegt mir ein in
den *Humphriesianus*-Schichten vom Bastberge bei Buchsweiler im Unter-
Elsass von Herrn Andreä gesammeltes Exemplar vor, welches den Uebergang zwischen beiden Formen sehr schön vermittelt. Es ist etwas grösser,
als die *Rhynchonella oligacantha* Branco, hat aber noch den Habitus
derselben, während Zahl und Spaltung der Rippen auf dem Wulste mehr
den Eigenthümlichkeiten unserer Form entsprechen. Es trägt dagegen
wiederum auf jeder Rippe 4 Stacheln, die reihenförmig angeordnet sind
und den Uebergang von einer Form in die andere nicht verkennen lassen.
Die Beziehungen zu der im Folgenden zu beschreibenden *Rhynchonella
tenuispina* Waagen werden bei der Beschreibung dieser letzteren Form
besprochen werden.

Vorkommen: Unterer Dogger, γ und δ.

Unter-Elsass: Umgebung von Buchsweiler, Bitschhofen, Gumbrechtshofen. (Humphresianusschichten.) (L. S.)

Lothringen: Monvaux, Saulny. (Sowerbyischichten.) (L. S. — P. S.)

Nachbarländer: Sochhaus im Berner Jura. (G. S.)

Rhynchonella tenuispina WAAGEN. 1868.
Taf. VI, Fig. 6.

1868. WAAGEN. Ueber die Zono des *Ammonites Sowerbyi*. (BENECKE.
 Geognost.-palaeontol. Beiträge I. pag. 610. Taf. 32. Fig. 6.
 a—c.)

Kleine Form ca. 8 Millimeter lang und ca. 11 Millimeter breit. Beide Schalen sind mit je 30—35 feinen Rippen geziert, wovon 7—8 auf den kaum angedeuteten Wulst der kleinen Schale kommen. Ein eigentlicher Sinus ist auf der grossen Schale nicht vorhanden, er ist durch eine leichte Einsenkung ersetzt (Taf. VI. Fig. 6c). Alle Rippen verlaufen bis in den Wirbel und sind mit einer Menge stacheliger Fortsätze besetzt, die nicht mehr reihenweise angeordnet sind, wie bei *Rhynchonella Crossi* WALKER. Dichotomirende Rippen, wie sie WAAGEN beobachtet hat, konnte ich an den wenigen, mir zu Gebote stehenden Exemplaren nicht bemerken. Der Schnabel ist spitz und leicht auf die kleine Schale übergebogen; das direkt unter der Wirbelspitze befindliche Foramen von mittlerer Grösse wird von einem discreten Deltidium begrenzt. Die Arealkanten sind ziemlich abgerundet und die Schlosslinie verläuft fast ganz gerade.

Verhältniss zu anderen Arten. Diese Art ist durch mancherlei Mittelformen mit *Rhynchonella Crossi* WALKER verbunden. Dieselben

sind, so lange sie noch den Habitus der letzteren Spezies an sich tragen,
nur mit wenigen Rippen versehen, die dann auch nur wenige stachelige
Fortsätze tragen. Erst nach und nach verliert sich der Wulst, mehr
Rippen treten auf, diese werden feiner und die Anzahl ihrer stachelartigen Fortsätze wird immer grösser, bis schliesslich die Formen ganz
den Habitus der ächten *Rhynchonella tenuispina* annehmen.

Vorkommen: Unterer Dogger, γ und δ.

Ober-Elsass: Bergheim. (Humphresianusschichten.) (L. S.)

Unter-Elsass: Imbsheim, Mietesheim. (Humphresianusschichten.) (Hier Zwischenformen.) (L. S.)

Lothringen: Rozérieulles, Monvaux, bei Metz. (Sowerbyischichten.) (L. S.)

Nachbarländer: Mönchenstein im Berner Jura. (G. S.)

Rhynchonella spinosa Schl. sp. 1813.
Taf. VI, Fig. 7—9.

1813. Schlotheim. Beiträge zur Naturgeschichte der Versteinerungen etc.
(mit Beziehung auf »Knorr. *Lapides diluvii universalis
testes*. Taf. B. 4. Fig. 4).
1820. Derselbe. Die Petrefactenkunde auf ihrem jetzigen Standpunkte etc.
pag. 268—269. Nro. 30. *Rhynchonella senticosa* Schl. sp.
s. Th.
1834. Buch. Ueber Terebrateln etc. pag. 78. (In der französischen
Abhandlung. 1838. Mém. Soc. géol. d. France. vol. III.
1re série. pag. 161. Taf. 16. Fig. 4).
1832. Zieten. Versteinerungen Württembergs. pag. 59. Taf. 44. Fig. 1.
1835. Phillips. Geology of Yorkshire I. pag. 123. Taf. 9. Fig. 18.
1837. Bronn. Lethaea geognostica. pag. 296. Taf. 18. Fig. 2.
1843. Quenstedt. Flözgebirge. pag. 353.
1848. Bronn. Index palaeontologicus. pag. 1251.
1849. D'Orbigny. Prodrome. vol. I. pag. 286. *Acanthothyris spinosa*
D'Orbigny.
1852. Quenstedt. Handbuch. pag. 456. Taf. 36. Fig. 37.

1852. Davidson. Oolitic and liasic brachiopoda. pag. 71. Taf. 15.
Fig. 15—20.

1858. Quenstedt. Jura. pag. 426. Taf. 58. Fig. 21—27.

1859. Oppel. Jura. pag. 432.

1861. Seedach. Hannover'scher Jura. pag. 36. 75.

1867. Quenstedt. Handbuch. 2. Auflage. pag. 545. Taf. 46. Fig. 37.

1869. Brauns. Mittlerer Jura. pag. 289.

1870. Greppin. Jura bernois. pag. 51.

1871. Quenstedt. Brachiopoden. pag. 109 und folgende. Taf. 39. Fig. 46
bis 51. non 52! Fig. 53—59.

1878. Davidson. Supplement. pag. 222. Taf. 27. Fig. 18—19.

1879. Szajnocha. Brachiopoden der Oolite von Balin. pag. 25. Taf. 5.
Fig. 17—18.

1880. Zittel. Handbuch. 1. 1. pag. 691. Fig. 522.

Der Habitus dieser Art ist sehr verschieden. Es gibt Exemplare, die eben so lang als breit sind und solche, bei denen die Breite bedeutend grösser ist, als die Länge. Ersterer Fall ist seltener, der letztere dagegen der häufigste. Diese breitere Form wird im ausgewachsenen Zustand bis 30 Millimeter breit und bis 24 Millimeter lang. Beide Schalen sind je mit etwa 30—35 Rippen geziert, von denen jede mit einer unbestimmten Anzahl der schon bei *Rhynchonella Crossi* und *Rhynchonella tenuispina* erwähnten stachelartigen, durchbohrten Fortsätze versehen ist, die sich ganz so verhalten, wie bei den eben genannten Arten. Die kleine Schale ist oftmals sehr bauchig und zwar dann meist so, dass die grösste Wölbung gerade auf ihrer Mitte liegt. Sinus und Wulst sind zuweilen entwickelt, zuweilen fehlen sie auch vollständig. Ersteres findet sich bei breiteren Formen, letzteres mehr bei solchen von gleicher Länge und Breite. (Meist 25—26 Millimeter.) Taf. VI, Fig. 8 zeigt eine Form, bei welcher der Stirnrand leicht gebogen und keine Spur von Wulst oder Sinus zu finden ist, während bei dem Fig. 9 abgebildeten Exemplar Wulst und Sinus entwickelt sind. Die Rippen sind auf beiden Schalen nicht scharfkantig, sondern gerundet, verlaufen bis in den Wirbel und sind öfters und dann speziell die mittleren gegen den Stirnrand hin gegabelt, wie dies Fig. 9 zeigt. Es kommt sogar der Fall vor, dass eine Rippe gleich unter dem Wirbel sich spaltet und dieser Umstand sich noch öfters wiederholt, so dass am Stirnrande ein ganzes Bündel von Rippen steht. Diese Spaltung der Rippen ist bei den breiteren Formen ungleich häufiger, als bei den länglichen. Wenn ein Wulst vorhanden ist, so trägt derselbe 8—10 Rippen und in der Einsenkung zwischen Wulst und Flügeln liegen stets einige schwächere Rippen. Der Sinus ist dann breit, wenig tief und mit gleichen schwachen Rippen bis in die Flügel besetzt. Bei den jungen Individuen ragt der spitze Schnabel noch frei hinaus; bei Zunahme der Grösse und Rundung tritt die Tendenz desselben, sich an die kleine Schale fest anzudrücken, hervor (Taf. VI, Fig. 9), was sogar D'Ordigny zur Aufstellung einer neuen Gattung *Acanthothyris* mit angeblich fehlendem Deltidium veranlasste. Das Deltidium ist discret, was an jungen Exemplaren noch sehr gut zu sehen ist und an alten durch Wegsprengen des Schnabels beobachtet werden kann. Die Arealkanten sind gerundet, die Schlosslinie verläuft fast ganz gerade.

Ueber die Entwicklung dieser Spezies ist Nichts von Bedeutung zu berichten. Bei den mit einem Wulst und Sinus versehenen Formen entwickeln sich diese erst in fast ausgewachsenem Zustand. Bis dahin bleibt der Stirnrand leicht gebogen. Taf. VI. Fig. 7 zeigt ein Jugendstadium von *Rhynchonella spinosa* von gleicher Grösse wie Fig. 5—6 auf derselben Tafel, zum Vergleich der Jugendformen dieser Spezies mit ausgewachsenen Exemplaren der *Rhynchonella Crossi* und der *Rhynchonella tenuispina* Waagen (cf. die betreffenden Stellen in der Beschreibung dieser Arten).

Verhältniss zu anderen Arten. Diese Spezies ist durch Uebergänge mit *Rhynchonella Crossi* und *Rhynchonella tenuispina* eng verbunden.

Anmerkung. Manche Autoren, wie OPPEL, DAVIDSON und Andere, sprechen von Formen aus dem Unter-Oolith. (Schichten des *Amm. Humphresianus* etc.) Bei uns fehlt die ächte *Rhynchonella spinosa* in diesen tieferen Lagern und ist in denselben durch ihre Vorläufer *Rhynchonella Crossi* und *Rhynchonella tenuispina* ersetzt.

Ich vermuthe, dass die von den oben angeführten Autoren citirten Exemplare auch wohl diesen Formen angehören werden.

Bei Niederweiler im Breisgau kommen Formen vor, die bei dem ganzen Habitus der *Rhynchonella spinosa* doch in der Berippung der *Rhynchonella Crossi* WALKER nahe stehen.

Vorkommen: Oberer Dogger, ε; Variansschichten.

Ober-Elsass: Pfirt und Umgebung. (L. S.)

Unter-Elsass: Griesbach am Bastberge. (L. S.)

Lothringen: Fehlt.

Nachbarländer: Zyfen-Seewen, Fasswangen, St. Brain, Ettingen, Mönchenstein, im Berner Jura. (G. S.) — Vögisheim im Breisgau. (U. S.) — La Miotte bei Belfort. (S. S.)

Rhynchonella varians SCHL. sp. 1820.

Taf. VI, Fig. 12—15. Taf. VII, Fig. 21—23.

1820. SCHLOTHEIM. Die Petrefactenkunde auf ihrem jetzigen Standpunkte etc. pag. 267.

1832. ZIETEN. Versteinerungen Württembergs. pag. 57. Taf. 42. Fig. 7. *a—f.*

1834. BUCH. Ueber Terebrateln. pag. 36. (In der franz. Abhandlung 1838. Mém. Soc. géol. d. France. vol. III. pag. 135. Taf. III. Fig. 1).

1835—36. ROEMER. Norddeutsches Oolithengebirge. pag. 38. Taf. 2. Fig. 12.

1835—36. PHILLIPS. Geology of Yorkshire. pag. 106. Taf. 6. Fig. 8. *Terebratulites socialis* PHILL.

1837. PUSCH. Paläontologie Polens. pag. 12. Taf. 3. Fig. 3.

1837. BRONN. Lethaea geognostica. Taf. 18. Fig. 4.

1848. Derselbe. Index palaeontologicus. pag. 1254.

1819. D'Ordigny. Prodrome. vol. 1. pag. 376.
1852. Quenstedt. Handbuch. pag. 451. Taf. 36. Fig. 19.
1852. Davidson. Oolitic and liasic brachiopoda. pag. 83. Taf. 17.
    Fig. 15—16.
1858. Quenstedt. Jura. pag. 495. Taf. 66. Fig. 25.
1859. Oppel. Jura. pag. 498.
1859. Deslongchamps. Notes sur le terrain callovien. (Bulletin. Soc. linn.
    d. Norm. 4. vol. pag. 41 der Abhandlung. Taf. 4. Fig. 15
    des ganzen Bandes).
1863. Oorter. Brachiopodes des Alpes suisses. pag. 48.
1864. Seebach. Hannover'scher Jura. pag. 41.
1867. Quenstedt. Handbuch. 2. Aufl. pag. 512. Taf. 46. Fig. 19.
1870. Greppin. Jura bernois. pag. 51, 56.
1871. Quenstedt. Brachiopoden. pag. 85—99. Taf. 38. Fig. 56—82. (non!
    83—87.) Fig. 88—101.
1875. Lepsius. Beiträge zur Kenntniss der Juraformation etc. pag. 29—30.
1878. Davidson. Supplement. pag. 213. Taf. 28. Fig. 1—3. pag. 212.
    Taf. 28. Fig. 3A, 3B, 4, 12—13.
1879. Szajnocha. Brachiopoden der Oolite von Balin. pag. 28. Taf. 6.
    Fig. 5—8. (9?)

Meist breiter als lang; durchschnittlich 14—15 Millimeter auf 12—13. Die kleine Schale ist mit 16—18 scharfkantigen, in den meisten Fällen bis in den Wirbel hinein verlaufenden Rippen geschmückt, wovon 4—6 auf den Wulst kommen. Nur in selteneren Fällen bleibt die Wirbelgegend glatt, dann wird aber auch der Wirbel selbst gedrückter, verliert sein schlankes Aussehen und die Form sieht dann einer *Rhynchonella Thurmanni* Voltz mehr ähnlich, als einer typischen *Varians*-Form. Es entstehen so die Uebergänge zwischen diesen beiden, von manchen Forschern, wie Quenstedt und Davidson, mit einander vereinigten Arten. Der Wulst tritt häufig nur wenig hervor, indem die ganze Schale sich stark wölbt und Wulst- und Flügelrippen allmälig in einander übergehen. Das ist bei denjenigen Formen, die in der Einsenkung zwischen Wulst und Flügeln neue Rippen bil-

den, besonders häufig. In andern Fällen tritt dagegen der Wulst
auch sehr stark hervor und die Einsenkung zwischen ihm und
den Flügeln ist tief ausgeschnitten. Die Wulstrippen sind an der
Stirne etwas übergebogen und nicht alle von gleicher Stärke.
Oefters sind es die mittleren, die stärker hervorragen. Auch
die Flügelrippen sind nicht immer gleichmässig ausgebildet, die
dem Wulste zunächst liegende ist jedoch stets die stärkste.

Die grosse Schale trägt 15—17 ebenfalls scharf ausgeprägte
Rippen. Der Sinus ist ziemlich tief eingesenkt, doch kann auch
hier durch das Entstehen neuer Rippen zwischen diesem und
den Flügeln ein allmäliger Uebergang in dieselben vermittelt
werden. Im Uebrigen verhält sich diese Schale ganz wie die kleine.
Der Schnabel ist spitz und kaum übergebogen, das Foramen ist
verhältnissmässig sehr gross, das Deltidium discret. Die Arealkanten sind scharf und die Schlosslinie ist leicht gebogen. Auf
den schlanken Wirbel, der zu abnormen Bildungen, wie Fig. 11,
Taf. VI eine zeigt, leicht Anlass gibt, sei hier nochmals hingewiesen. Bemerkenswerth ist dabei das umfassende Deltidium, die
grössere Anzahl der Rippen und deren gleichmässigere Ausbildung am Wulste. Taf. VII, Fig. 23 zeigt eine andere ganz abnorme Form mit gespaltenen Rippen, die ihrem ganzen Habitus
nach wohl auch zu *Rhynchonella varians* zu stellen ist.

In den meisten Fällen bilden beide Schalen miteinander
einen Winkel von 35—38°, der öfters bis 45° gross werden kann.

In Elsass-Lothringen finden sich hauptsächlich zwei Formen
recht häufig, die auf Taf. VI, Fig. 12 und 13 wiedergegeben
sind. Im Allgemeinen sind die breiteren Formen, wie Fig. 13,
die häufigeren; die länglichen sind seltener.

Im Oolith von Buchsweiler im Unter-Elsass finden sich kleine
Rhynchonellen, Fig. 14—15 auf Taf. VI, die trotz ihrer sehr
geringen Grösse im Verhältniss zur typischen *Rhynchonella varians*
doch das Gesammtaussehen und alle Eigenthümlichkeiten dieser

Form selbst haben. Ich schlage für dieselben den Namen *Rhynchonella varians*, var. oolithica vor, um die Abweichung von der typischen höher liegenden Form der eigentlichen Varians-schichten hervorzuheben.

Es tritt hier wiederum ein solcher Fall, wie wir ihn schon bei *Rhynchonella spinosa* Schl. sp. beobachtet haben, ein, dass nämlich gewisse Formen in tiefer liegenden Horizonten, bei genau eben solchem Habitus, wie die typischen höher liegenden, ausgewachsenen und grösseren Exemplare sich von diesen nur in Betreff der Grösse unterscheiden, während bei höher liegenden Formen die Jugendstadien ein ganz anderes Aussehen haben.

Ueber die Entwicklung lässt sich wenig sagen. Schon die ganz jungen Formen tragen den Charakter der *Rhynchonella varians* an sich. In den meisten Fällen beginnt die Herausbildung des Wulstes erst dann, wenn die Form mehr als die Hälfte der normalen Grösse erreicht hat.

Unter den Arten des Dogger ist diese sicherlich die formenreichste.

Verhältniss zu andern Arten (siehe weiter unten).

Vorkommen: Oberer Dogger, δ; Oberes Vesullian und Varians-schichten.

Ober-Elsass: Pfirt und Umgebung. (Variansschichten.) (L. S.)

Unter-Elsass: Buchsweiler. (Oberes Vesullian; var. oolithica.) — Buchsweiler, Mietesheim. (Variansschichten.) (L. S.)

Nachbarländer: Metzerlen, Seewen, im Berner Jura. (G. S.) — Niederweiler, Vogisheim, im Breisgau. — Belfort. — Charey (Meurthe-et-Moselle.) (Variansschichten.) (L. S. — U. S.)

Die Verwandtschaftsverhältnisse der Rhynchonella-Arten des Dogger.

Während im unteren Dogger von Elsass-Lothringen bis jetzt noch keine Form gefunden worden ist, welche sich an irgend eine der mittel- oder oberliasischen Arten anschliessen liesse, so scheinen zwischen denjenigen des unteren und denjenigen des mittleren und oberen Dogger einige nicht zu verkennende Verwandtschaften zu bestehen.

Wie schon bei der Beschreibung von *Rhynchonella* cf. *angulata* Sow. sp. pag. 47 gesagt wurde, kommen zu Charey im département de la Meurthe-et-Moselle in dem dortigen Bathonien Exemplare vor, welche wohl als Mittelformen zwischen *Rhynchonella varians* SCHL. sp. und *Rhynchonella* cf. *angulata* Sow. sp. aufzufassen sind. (Taf. VII. Fig. 21—22.)

Rhynchonella Davidsoni, CHAPUIS et DEWALQUE, welche nur eine locale und auf kleinere Dimensionen beschränkte Abänderung der *Rhynchonella acuticosta* ZIETEN sp. sein dürfte, scheint mit *Rhynchonella Kirchhoferi* nov. sp. durch Mittelformen verbunden zu sein, deren Anzahl leider aber noch eine zu geringe ist, um diese Verwandtschaft mit Bestimmtheit aussprechen zu können. Letztere Art ist übrigens auch nahe verwandt mit *Rhynchonella parvula* DESLONGCHAMPS.

Rhynchonella lotharingica nov. sp. ist, wie auch schon angedeutet wurde, wohl die Vertreterin der *Rhynchonella acuticosta* in Lothringen.

Rhynchonella lotharingica ist weiter sehr nahe verwandt mit *Rhynchonella Edwardsi* CHAPUIS et DEWALQUE. Beide entwickeln sich, wie wir gesehen haben, aus einer und derselben Jugendform; beide Arten sind durch gewisse Formen aus dem Hauptrogenstein von Buchsweiler enge verbunden mit *Rhynchonella varians* SCHL. sp. var. *oolithica* (Taf. III. Fig. 14—15). Desgleichen bestehen Mittelformen zwischen *Rhynchonella Edwardsi* und *Rhynchonella obsoleta* Sow. sp. *Rhynchonella lotharingica* scheint durch gewisse Mittelformen mit *Rynchonella badensis* verbunden zu sein (Taf. VII, Fig. 20).

Rhynchonella Pallas CHAPUIS et DEWALQUE hat gewisse Jugendstadien, bei deren Bestimmung man wirklich zweifelhaft wird, ob man sie zu dieser Art oder zu *Rhynchonella obsoleta* stellen soll. *Rhynchonella obsoleta* selbst ist durch die allermannigfachsten Uebergänge mit *Rhynchonella concinna* Sow. sp. und *Rhynchonella badensis* OPPEL verbunden, zwei Arten, welche ohnedies kaum von einander zu trennen sind.

5 *

Es wiederholt sich hier dieselbe Erscheinung, wie bei *Rhyncho-nella gryphitica* QUENST. sp., *Rhynchonella Deffneri* OPPEL und *Rhyncho-nella Schimperi* nov. sp. der oberen Gryphitenkalke und der Brevi-schichten, nur in viel grösserem Maasstabe. Man kann eben nur einzelne Typen festhalten und muss davon absehen, scharfe Grenzen zu ziehen. QUENSTEDT hatte diese verwandtschaftlichen Beziehungen längst erkannt; er fasst alle diese Arten unter dem Namen *Terebratula quadriplicata* ZIETEN zusammen, indem er allerdings Varietäten der Gruppen als *Rhynchonella quadriplicata pugnacea* und andere mehr unterscheidet. Für unsere Verhältnisse ist ein solches Zusammenwerfen der verschie-denen Arten noch verfrüht; man muss vielmehr noch suchen, die ein-zelnen Typen so weit als möglich mit besonderer Rücksicht auf das Lager auseinander zu halten.

Die einzelnen Arten der *Spinosa*-Gruppe sind, wie durch Ueber-gänge nachgewiesen werden kann, aus einander entstanden. Die Entwick-lung ist genau zu verfolgen, von der mit nur wenig Stacheln versehenen *Rhynchonella oligacantha* BRANCO durch *Rhynchonella Crossi* WALKER und *Rhynchonella tenuispina* WAAGEN hindurch zur grossen, ächten und mit vielen Stacheln gezierten *Rhynchonella spinosa* SCHL. sp.

Tabelle zur Veranschaulichung des geologischen Vorkommens der Rhynchonellen des Dogger.

Lager	Nach Quenstedt.	Rhynchonella Prinzi Branco.	Rhynchonella Wrightoni nov. sp.	Rhynchonella cf. angulata Sow. sp.	Rhynchonella Kirchheimeri nov. sp.	Rhynchonella Davidsoni Chapuis et Dewalque.	Rhynchonella pervula Deslongchamps.	Rhynchonella Jollet Chapuis et Dewalque.	Rhynchonella Andreae nov. sp.	Rhynchonella lotharingica nov. sp.	Rhynchonella Edwardsi Chapuis et Dewalque.	Rhynchonella cf. Forbesi Davidson.	Rhynchonella obsoleta Sow. sp.	Rhynchonella concinna Sow. sp.	Rhynchonella ladrosi Oppel.	Rhynchonella oligocarnaha Branco.	Rhynchonella Oeari Walker.	Rhynchonella tenuiplana Waagen	Rhynchonella spinosa Kcal. sp.	Rhynchonella varians Schl. sp.
Varianschichten	e.												—		—		—	—	—	—
Oberes Vesulien													—		…				…	—
Unteres Vesulien	d.												—							
Humphresianus- und Sauzeischichten	f.			—	—	—	—	—	—	—						—				
Sowerbyischichten	p.		—													—				
Murchisonaschichten	g.	—	—	—																
Zone der Trig. navis. Torulosaschichten	b.																			
Oberster Lias.	a.																			

…. bedeutet das gelegentliche Vorkommen einer Species.
— bedeutet das hauptsächliche Vorkommen einer Species.

Die Rhynchonellen des Malm.

Rhynchonella cf. *triplicosa* QUENST. sp.
Rhynchonella Thurmanni VOLTZ.
Rhynchonella acarus MERIAN.

Indem der schweizer Jura seine letzten Ausläufer in den südlichen Theil des Ober-Elsasses sendet, gelangt der Malm auch noch auf deutschem Gebiete zur Entwicklung und zwar mit fast allen seinen Faciesbildungen, die er auch auf dem Schweizer Gebiete aufweist und deren Beschreibung GREPPIN im VIII. Band der Matériaux pour la carte géologique de la Suisse niedergelegt hat.

Wenn nun die Brachiopoden des Malm mit der gehörigen Gründlichkeit bearbeitet werden sollten, und es ist dies bei der ungemein grossen Verschiedenartigkeit der Faciesbildungen im schweizer Jura gegenüber denjenigen in Schwaben, Frankreich und England eine nicht leichte Aufgabe, so müsste in erster Linie das in den Sammlungen zu Basel, Bern und Zürich vorhandene Material mit dem unsrigen verglichen und zur Bearbeitung herangezogen werden.

Bei den wenigen auf deutscher Seite vorkommenden Arten würde das Resultat einer solchen umfassenden Untersuchung nicht im Verhältniss stehen zu der aufgewendeten Zeit und Arbeit. Eine genaue Untersuchung der Brachiopoden des schweizer und somit des elsässischen Malm wird von einer breiteren geologischen Basis auszugehen haben, als die Berge der Pfirt sie bieten*.

Ich beschränke mich daher an dieser Stelle auf wenige Andeutungen theils über Arten, die in der GREPPIN'schen Sammlung liegen, theils über solche, die in der Umgebung von Pfirt gesammelt wurden.

---

* Anmerkung. Uebrigens ist nach den Ankündigungen des Vorstandes der schweizerischen palaeontologischen Gesellschaft Herr Dr. Paul Choffat zur Zeit mit einer Abhandlung über eben dieses Thema beschäftigt.

Rhynchonella cf. *triplicosa* Quenst. sp. 1852.

Taf. VII, Fig. 13.

1852. Quenstedt. Handbuch. pag. 451. Taf. 36. Fig. 26.
1858. Derselbe. Jura. pag. 496. Taf. 66. Fig. 30—32.
1859. Oppel. Jura. pag. 575.
1864. Seebach. Hannover'scher Jura. pag. 90. *Rhynchonella* cf. *triplicosa* Quenst. sp.
1867. Quenstedt. Handbuch. 2. Auflage. pag. 512. Taf. 46. Fig. 26.
1869. Brauns. Mittlerer Jura. pag. 291.
1870. Greppin. Jura bernois. pag. 56.
1871. Quenstedt. Brachiopoden. pag. 99. Taf. 39. Fig. 1—11.

Die Form ist 14 Millimeter breit und 13 Millimeter lang. Die kleine Schale ist ziemlich bauchig, ihre grösste Wölbung liegt etwas über die Mitte hinaus, dem Stirnrande zu. Sie ist mit neun scharfkantigen bis in den Wirbel reichenden Rippen versehen. Drei davon zieren den ziemlich ausgesprochenen Wulst. Sie sind stärker ausgebildet, als die auf den Flügeln stehenden und biegen auf der Höhe des ersten Drittheils der Schale, vom Stirnrande an gerechnet, nach dem Sinus zu, um. Die den Wulst von den Flügeln trennende Einsenkung ist glatt, von den Flügelrippen ist die dem Wulste zunächst liegende die ausgeprägteste.

Die grosse Schale hat einen ziemlich tiefen, mit zwei Rippen versehenen Sinus, welche ebenso, wie die drei Rippen auf jedem Flügel erst im Wirbel verlaufen. Der spitze Schnabel ist auf die kleine Schale übergebogen, das Foramen ist klein. Die Verhältnisse des Deltidiums konnten nicht festgestellt werden. Die Arealkanten sind sehr abgerundet, die Schlosslinie verläuft fast ganz gerade.

Die Landessammlung von Elsass-Lothringen besitzt ein einziges Exemplar, das aus der Greppin'schen Sammlung stammt und wohl nur eine lokale Abänderung der *Rhynchonella triplicosa* Quenst. sp. sein wird, von der es sich jedoch durch den ziemlich auf die kleine Schale angedrückten Schnabel und die erst im Wirbel verlaufenden Rippen unterscheidet.

Vorkommen: Unterer Malm; Callovien.

Berner Jura: Cluse zwischen Ettingen und Blauen (G. S.). (Clus de Pfæffingen, und Movelier, nach Greppin.)

Rhynchonella Thurmanni VOLTZ. 1833.

Taf. VII, Fig. 14—17.

1833. THURRIA. Statistique minéralogique et géologique du départ. de la Haute-Saône. pag. 172—179.
1835. BRONN. Lethaea geognostica. pag. 29.
1852. QUENSTEDT. Handbuch. pag. 451.
1859. OPPEL. Jura. pag. 608.
1859. ETALLON. Lethaea bruntrutana. pag. 291. Taf. 42. Fig. 6.
1867. QUENSTEDT. Handbuch. 2. Auflage. pag. 512.
1870. GREPPIN. Jura bernois. pag. 56. 71. 82.
1871. QUENSTEDT. Brachiopoden. pag. 90. Taf. 38. Fig. 83—87.
1878. DAVIDSON. Supplement. pag. 215. Taf. 28. Fig. 14—16.

Die Form ist stets breiter wie lang. Die Länge beträgt ca. 12—13 Millimeter, die Breite deren 16—17. Die kleine Schale ist stark aufgebläht, der Wulst ist von den Flügeln durch keine scharfe Einsenkung getrennt, geht vielmehr durch allmäliges Weiterhervorspringen der Rippen, deren stärkste stets scharfkantiger sind, als die übrigen, aus diesen hervor.

Die Zahl der Wulstrippen variirt zwischen 5—7. Tritt ersteres Verhältniss ein, so ist stets eine ungleiche Ausbildung derselben vorhanden; wo dagegen 7 Wulstrippen sich finden, ist ihre Bildung eine gleichmässigere.

Die grosse Schale weist einen breiten doch wenig tiefen Sinus auf, der weit auf die kleine übergreift. Die Sinusrippen verhalten sich ebenso, wie die des Wulstes, die Flügel sind jedoch

scharf vom Sinus getrennt. Hier ist es meist die zweite Flügelrippe, die am stärksten ausgebildet ist. Die Anzahl der Rippen
auf dieser Schale ist ganz von den Verhältnissen auf der kleinen
Schale abhängig. Der Schnabel ist sehr spitz und stets viel mehr
übergebogen, als bei der *Rhynchonella varians*. Das Deltidium
ist gross und discret.

Die Arealkanten sind sehr scharf. Die Schlosslinie verläuft
ganz gerade und biegt dann plötzlich nach vorne ein, einen
Ausschnitt an der kleinen Schale bildend.

Die Wirbelgegend ist auf beiden Schalen ganz glatt. Die
kleine Schale ist oben sehr breit, was der ganzen Form ein
charakteristisches Aussehen gibt. Die Flügelecken sind abgerundet,
bei den Jugendstadien hie und da noch ein wenig eckig, bei
den ausgewachsenen Exemplaren stets rundlich.

ETALLON spricht von einer «ouverture très-étroite», Lethaea bruntrutana. pag. 291. An den vielen von mir untersuchten Exemplaren war
das Foramen stets gross.

Die jungen Formen sind glatt; erst allmälig fangen die Rippen
an, sich am Stirnrande zu bilden; die Wulstbildung beginnt erst, wenn
die Form etwa ⅔ ihrer normalen Grösse erlangt hat.

Verhältniss zu anderen Arten. Von QUENSTEDT und DAVIDSON
wird diese Spezies nur als eine Varietat der *Rhynchonella varians*
SCHL. sp. angesehen. Sie ist allerdings mit derselben durch Uebergänge
verbunden und gewisslich nur aus dieser entstanden; dass es aber keine
locale Abänderung ist, mit der wir es hier zu thun haben, das beweist
ausser ihrer grossen Verbreitung im ganzen Westen Europa's, wo der
untere Malm entwickelt ist, auch ihr Vorkommen in England. (DAVIDSON.
Supplement. pag. 215. Taf. 28. Fig. 14—16.) Uebrigens sind die typischen
Formen doch ganz verschieden von der typischen *Rhynchonella varians*.
Dieser Umstand und die geologische Bedeutung dieser Spezies ist, wie
mir scheint, dennoch ein Grund, ihr den eigenen Namen zu lassen.

Das genaue Studium dieser Form wird uns durch das verkieselte
Vorkommen derselben im sogenannten Terrain-à-chailles, wesentlich
erleichtert. Durch Aetzen mit verdünnter Salzsäure kann man die Schalen

aus dem sie umgebenden Gestein ganz herauslösen und auch die innere
Organisation des Armgerüstes, der Zahnplatten etc. auf das Allergenaueste
beobachten. Taf. VII. Fig. 17 zeigt ein solches herauspräparirtes und
aufgebrochenes Exemplar mit dem Brachialapparat, der bis auf die
kleinsten Details erhalten ist.

Vorkommen: Unterer Malm; Oxford.

Ober-Elsass: Pfirt (überall). (Terrain-à-chailles.) (L. S.)

Nachbarländer: Berner und Baseler Jura (überall). (G. S.) —
Belfort. (S. S.)

Rhynchonella acarus MERIAN. 1870.

Taf. VII, Fig. 18.

1870. GREPPIN. Jura bernois. pag. 71, 82, 85.

Kleine, kaum 6 Millimeter lange und ebenso breite Form.
Am Stirnrande ziemlich breit, mit 12—15 wenig scharfkantigen,
den Wirbel meist frei lassenden Rippen auf jeder Schale. In
häufigen Fällen sind nur ca. zwölf Rippen vorhanden, dann hat der
Wulst, der kaum angedeutet ist, nur deren vier; treten mehr
Rippen auf, so hat der Wulst öfters deren fünf und die ganze
Form wird etwas breiter als lang. Die grosse Schale hat keinen
Sinus. Beide Schalen sind kaum gewölbt und fast ganz flach. Der
Schnabel ist ziemlich spitz, Foramen und Deltidium sind klein;
letzteres ist discret, die Arealkanten sind sehr scharf, die Schloss-
linie gerade.

Die ganze Form sieht einer jungen *Rhynchonella Thurmanni* sehr
ähnlich. Das einzige Unterscheidungsmerkmal von den Exemplaren
gleicher Grösse der letzteren Spezies ist das, dass diese in der Jugend
ganz glatt oder nur sehr wenig am Stirnrande gerippt sind.

Vorkommen: Unterer Malm; Oxford.

Ober-Elsass: Pfirt (Terrain-à-chailles.) (L. S.)

Nachbarländer: Bourrignon, Noirmont, im Berner Jura (G. S.).

Die abgebildeten Exemplare von Noirmont verdanke ich der freundlichkeit des Herrn Rathsherrn P. Merian zu Basel, dem Begründer dieser Spezies.

Schlusswort.

Ein nach allen Richtungen durchgeführter Vergleich der Brachiopoden aus den jurassischen Schichten Elsass-Lothringens mit denjenigen aus den gleichaltrigen Bildungen des übrigen Süddeutschlands, Englands und Frankreichs wird sich erst dann anstellen lassen, wenn über alle Gebiete ausführliche Monographien vorliegen werden. Eine naturgemässe Benennung und Gruppirung wird sich dann von selbst ergeben.

Die bis jetzt bei der Bearbeitung der Rhynchonellen gewonnenen Resultate dürfen zur Annahme berechtigen, dass Elsass-Lothringen, seiner geographischen Lage entsprechend, auch in Beziehung auf seine Brachiopoden, eine Mittelstellung zwischen den schwäbischen einerseits und jenen aus dem Nordwesten Frankreichs und Englands andererseits einnimmt.

Dabei sind auseinanderzuhalten solche Formen, welche nur dem einen Gebiet angehören, ohne im andern verwandte Vertreter zu haben, von solchen, welche beiden Gebieten gemeinsam, nur als locale Modificationen einer Formenreihe aufzufassen sind.

Zu ersteren gehört im mittleren Lias von Elsass-Lothringen *Rhynchonella acuta* Sow. sp., die dem schwäbischen Jura fehlt, im Osten überhaupt nur vereinzelt auftritt (Keilberg bei Regensburg, Neumarkt), an westlicher gelegenen Punkten sich dagegen häufig findet (Ilminster, Blaymard).

Dagegen hat im Elsass und im nördlichen Theile des Rheinthals, in der Umgebung von Langenbrücken der Gryphitenkalk Formen, welche von den schwäbischen Exemplaren kaum zu unterscheiden sind, dagegen in Frankreich und England fehlen.

Eine ganze Anzahl von Arten liefert Beispiele des zweiten Falles.

Die Formen des lothringischen Lias stehen zwischen den schwäbischen und den französisch-englischen in der Mitte, mit etwa gleichen

Beziehungen nach beiden Seiten hin, während in dem lothringischen Dogger ein anderes Verhältniss Platz greift. Viele Rhynchonellen stehen hier nämlich den englischen Formen viel näher, als den schwäbischen.

Das isolirte Auftreten von Formen mit ächt schwäbischer Ausbildung, wie bei Hassel und Merl in Luxemburg und bei Kedingen in Lothringen, bleibt vor der Hand noch eine nicht auf nachweisbare Ursachen zurückführende Erscheinung.

INHALT.

	Seite
Einleitung	I
Verzeichniss der benützten Litteratur	VI
Die Rhynchonellen des Lias	1
Rhynchonella plicatissima QUENST. sp.	1
Rhynchonella belemnitica QUENST. sp.	4
Rhynchonella Deffneri OPPEL	5
Rhynchonella gryphitica QUENST. sp.	8
Rhynchonella Schimperi nov. sp.	11
Rhynchonella nov. sp.	13
Die Verwandtschaftsverhältnisse der unterliasischen Arten unter sich und ihre Beziehungen zu den mittelliasischen Arten	13
Rhynchonella rimosa BUCH sp.	17
Rhynchonella furcillata THEOD. sp.	19
Rhynchonella oxynoti QUENST. sp.	20
Rhynchonella calcicosta QUENST. sp.	21
Rhynchonella rostellata QUENST. sp.	22
Rhynchonella triplicata QUENST. sp.	24
Rhynchonella curviceps QUENST. sp.	28
Rhynchonella amalthei QUENST. sp.	30
Rhynchonella Beneckei nov. sp.	31
Rhynchonella Rosenbuschi nov. sp.	35
Rhynchonella Steinmanni nov. sp.	37
Rhynchonella scalpellum QUENST. sp.	38
Rhynchonella acuta SOW. sp.	39
Die Verwandtschaftsverhältnisse der mittelliasischen Arten unter sich und ihre Beziehungen zu den oberliasischen Arten	41

84

Seite

Tabelle zur Veranschaulichung des geologischen Vorkommens der
    liasischen Rhynchonellen 43
Die Rhynchonellen des Dogger 44
Rhynchonella Weigandi nov. sp. 44
Rhynchonella Frireni BRANCO 45
Rhynchonella cf. *angulata* Sow. sp. 46
Rhynchonella Kirchhoferi nov. sp. 47
Rhynchonella Davidsoni CHAPUIS et DEWALQUE 48
Rhynchonella parvula DESLONGCHAMPS 49
Rhynchonella acuticosta ZIETEN (HEHL) sp 50
Rhynchonella Pallas CHAPUIS et DEWALQUE 50
Rhynchonella Andreä nov. sp. 52
Rhynchonella lotharingica nov. sp. 52
Rhynchonella Edwardsi CHAPUIS et DEWALQUE 53
Rhynchonella cf. *Forbesi* DAVIDSON 55
Rhynchonella obsoleta Sow. sp. 55
Rhynchonella concinna Sow. sp. 58
Rhynchonella badensis OPPEL 60
Rhynchonella oligacantha BRANCO 62
Rhynchonella Crossi WALKER 62
Rhynchonella tenuispina WAAGEN 65
Rhynchonella spinosa SCHL. sp. 66
Rhynchonella varians SCHL. sp. 69
Die Verwandtschaftsverhältnisse der Rhynchonella-Arten des Dogger . 73
Tabelle zur Veranschaulichung des geologischen Vorkommens der
    Rhynchonellen des Dogger 75
Die Rhynchonellen des Malm 76
Rhynchonella cf. *triplicosa* QUENST. sp. 77
Rhynchonella Thurmanni VOLTZ 78
Rhynchonella acarus MERIAN 80
Schlusswort 81

MONOGRAPHIE

DER

RHYNCHONELLEN

DER

JURAFORMATION

VON

ELSASS-LOTHRINGEN.

Atlas von 7 lithographirten Tafeln nebst Erklärungen.

Inaugural-Dissertation

zur Erlangung der philosophischen Doctorwürde

an der Grossherzoglich Badischen Ruprecht-Carl-Universität Heidelberg

von

HIPPOLYT HAAS

aus Stuttgart

(Separatabdruck aus den Abhandlungen zur geologischen Spezialkarte von Elsass-Lothringen. Band II. Heft II.)

STRASSBURG,

DRUCK VON R. SCHULTZ & COMP.

1881.

Fig. 1—3. *Rhynchonella plicatissima* QUENST. sp.

    Fig. 1—2. Breiter Typus. Gryphitenkalk. Hochfelden, Unter-Elsass. (L. S.)

    » 3. Jugendform. Ebendaher. (L. S.)

Fig. 4. *Rhynchonella belemnitica* QUENST. sp.

    Grosses Exemplar. Gryphitenkalk. Malsch bei Heidelberg. (H. U. S.)

Fig. 5. Dieselbe.

    Gryphitenkalk. Weg von Verny nach St. Jure, Deutsch-Lothringen. (L. S.)

Fig. 6. Dieselbe.

    Jugendform. Gryphitenkalk. Malsch bei Heidelberg. (H. U. S.)

Fig. 7—8. *Rhynchonella plicatissima* QUENST. sp.

    Gryphitenkalk. Peltre bei Metz. (L. S.)

Fig. 9—10. *Rhynchonella* cf. *belemnitica* QUENST. sp.

    Ebendaher. (L. S.)

Fig. 11. *Rhynchonella calcicosta* QUENST. sp.

    Davoeischichten. Weg von Reichenweier nach Kienzheim, Ober-Elsass. (L. S.)

Fig. 12. *Rhynchonella* cf. *amalthei* QUENST. sp.

    Mittlerer Lias, γ. Ferme Orly bei Verny, Deutsch-Lothringen. (L. S.)

Fig. 13. *Rhynchonella*. Mittelform zwischen *Rhynchonella belemnitica* QUENST. sp. und *Rhynchonella plicatissima* QUENST. sp.

    Gryphitenkalk. Peltre bei Metz. (L. S.)

Fig. 14. Dieselbe.

    Gryphitenkalk. Weg von Verny nach St. Jure, Deutsch-Lothringen. (L. S.)

Fig. 15—17. *Rhynchonella*. Mittelform zwischen *Rhynchonella Deffneri* OPPEL und *Rhynchonella Schimperi* nov. sp.

    Brevisschichten. Grigy bei Metz. (L. S.)

Fig. 18—21. *Rhynchonella amalthei* QUENST. sp.

    Costatusschichten. Silzklamm bei Uhrweiler, Unter-Elsass. (L. S.)

    Fig. 18—19. Ausgewachsene Exemplare.

    • 20—21. Jugendformen.

Fig. 22—23. *Rhynchonella triplicata* QUENST. sp.

    Davoeikalk. Bévoie bei Metz. (F. S.)

    Fig. 22. Abnormität.

    » 23. Exemplar mit 3 Wulstrippen.

Fig. 24. *Rhynchonella*. Mittelform zwischen *Rhynchonella triplicata* QUENST. sp. und *Rhynchonella curviceps* QUENST. sp.

    Davoeikalk. Bévoie bei Metz. (F. S.)

Fig. 25. *Rhynchonella curviceps* QUENST. sp.

    Jugendform.

    Davoeikalk. Bévoie bei Metz. (F. S.)

Fig. 26—28. *Rhynchonella*. Mittelform zwischen *Rhynchonella triplicata* QUENST. sp. und *Rhynchonella curviceps* QUENST. sp.

    Jugendformen.

    Ebendaher. (F. S.)

Fig. 29. *Rhynchonella triplicata* QUENST. sp.

    Ebendaher. (F. S.)

Fig. 30. *Rhynchonella*. Mittelform zwischen *Rhynchonella triplicata* QUENST. sp. und *Rhynchonella curviceps* QUENST. sp.

    Ebendaher. (F. S.)

Fig. 31. *Rhynchonella triplicata* QUENST. sp.

    Ebendaher. (F. S.)

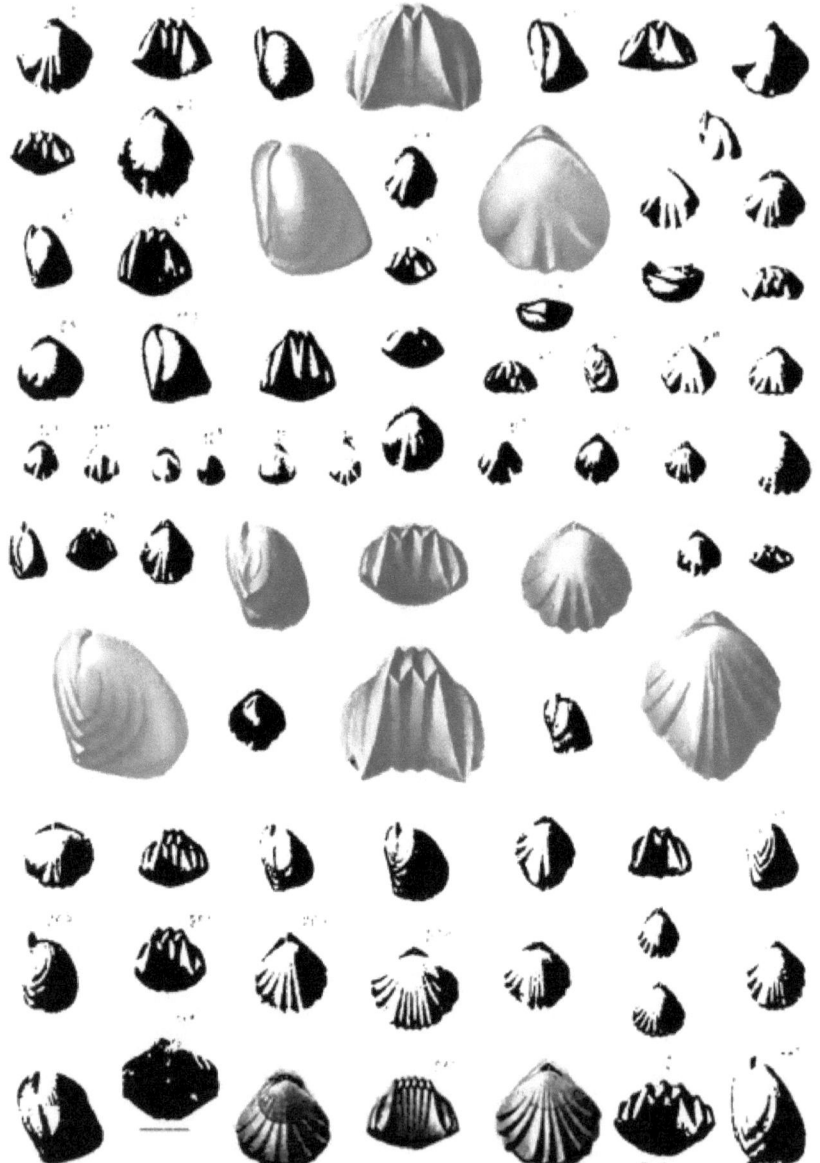

Fig. 1—19. *Rhynchonella Deffneri* OPPEL.
　　Fig. 1. Exemplar mit 3 Wulstrippen.
　　　　　　Brevisschichten. Grigy bei Metz. (F. S.)
　　　» 2. Typisches Exemplar mit 2 Wulstrippen. Vergrössert.
　　　　　　Ebendaher. (L. S.)
　　　» 3. Abnormes Exemplar.
　　　　　　Ebendaher. (L. S.)
　　　» 4. Längliches und bauchiges Exemplar mit 3 Wulstrippen.
　　　　　　Diluvial. Mühlhausen, Unter-Elsass. (L. S.)
　　　» 5. Typisches Exemplar mit 3 Wulstrippen.
　　　　　　Unterer Lias, α. Lehener Berg bei Freiburg i. Br. (O. S.)
　　　» 6. Längliches und flaches Exemplar.
　　　　　　Brevisschichten. Grigy bei Metz. (L. S.)
　　　» 7—8. Originalexemplare OPPEL's.
　　　　　　Unterer Lias, α. Möhringen, Württemberg.
　　　　　　(Im Besitz der kgl. Universitäts-Sammlung zu München.)
　　　» 9. Breites Exemplar mit 2 Wulstrippen.
　　　　　　Brevisschichten. Grigy bei Metz. (F. S.)
　　　» 10. Exemplar mit abnormem Wulste.
　　　　　　Brevisschichten. Peltre bei Metz. (L. S.)
　　　» 11—12. Jugendform. Wenig vergrössert.
　　　　　　Brevisschichten. Grigy bei Metz. (L. S.)
　　　» 13. Jugendform. Wenig vergrössert.
　　　　　　Ebendaher. (F. S.)
　　　» 14. Jugendform, sich zu *Rhynchonella gryphitica* QUENST. sp. herausbildend.
　　　　　　Wenig vergrössert.
　　　　　　Ebendaher. (L. S.)
　　　» 15. Jugendform, sich zu *Rhynchonella Schimperi* nov. sp. herausbildend.
　　　　　　Wenig vergrössert.
　　　　　　Ebendaher. (F. S.)
　　　» 16. Jugendform, sich zu *Rhynchonella Schimperi* herausbildend. Wenig vergrössert.
　　　　　　Ebendaher. (L. S.)
　　　» 17. Abnorme Jugendform. Sehr vergrössert.
　　　　　　Ebendaher. (L. S.)
　　　» 18. Längliches und flaches Exemplar mit 3 Wulstfalten.
　　　　　　Ebendaher. (L. S.)
　　　» 19. Jugendliches Exemplar mit 2 Wulstfalten.
　　　　　　Ebendaher. (L. S.)
Fig. 20. *Rhynchonella.* Mittelform zwischen *Rhynchonella Deffneri* OPPEL und *Rhynchonella gryphitica* QUENST. sp. Vergrössert.
　　　　　Brevisschichten. Grigy bei Metz. (L. S.)
　　　　　(Bei Fig. 20b ist der Schnabel zu spitzig gezeichnet.)
Fig. 21. *Rhynchonella gryphitica* QUENST. sp. Sehr vergrössert.
　　　　　Gryphitenkalk. Verny, Deutsch-Lothringen. (L. S.)
Fig. 22. *Rhynchonella.* Mittelformen zwischen *Rhynchonella Deffneri* OPPEL und *Rhynchonella gryphitica* QUENST. sp.
　　　　　Brevisschichten. Grigy bei Metz. (F. S.)
Fig. 23. *Rhynchonella gryphitica* QUENST. sp.
　　　　　Exemplar mit 6 Wulstrippen.
　　　　　Gryphitenkalk. Verny, Deutsch-Lothringen. (L. S.)
Fig. 24. Dieselbe. Exemplar mit 2 Wulstrippen.
　　　　　Gryphitenkalk. Silzklamm bei Uhrweiler, Unter-Elsass. (S. S.)
Fig. 25. *Rhynchonella.* Mittelform zwischen *Rhynchonella Deffneri* OPPEL und *Rhynchonella gryphitica* QUENST. sp.
　　　　　Gryphitenkalk. Verny, Deutsch-Lothringen. (L. S.)
Fig. 26—30. *Rhynchonella gryphitica* QUENST. sp.
　　Fig. 26. Exemplar mit 3 Wulstrippen.
　　　　　　Ebendaher. (L. S.)
　　　» 27. Exemplar mit gespaltener Wulstrippe.
　　　　　　Ebendaher. (L. S.)
　　　» 28—30. Jugendformen verschiedener Grösse.
　　　　　　Brevisschichten. Grigy bei Metz. (L. S.)
Fig. 31—32. *Rhynchonella Schimperi* nov. sp.
　　　　　Brevisschichten. Grigy bei Metz.

Haas, d.Brachiopoden d. Juraf.v. Elsass-Lothringen.

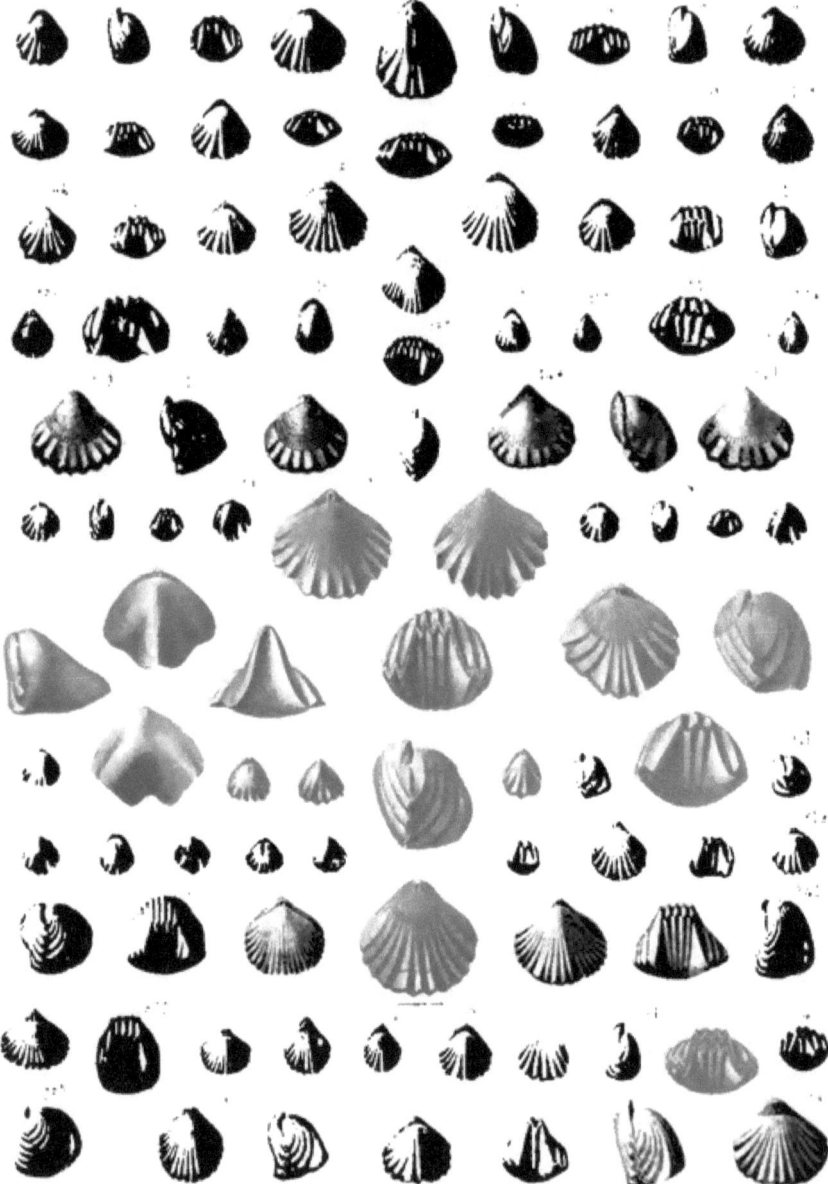

Taf. III.

Unterer und mittlerer Lias.

Fig. 1—12. *Rhynchonella Schimperi* nov. sp.
Brevisschichten. Grigy bei Metz.
   Fig. 1. Sehr bauchiges Exemplar mit 3 Wulstrippen. (F. S.)
      » 2. Breites Exemplar mit 5 Wulstrippen. (F. S.)
      » 3. Längliches Exemplar mit eigenartiger Spaltung der Wulstrippen. (L. S.)
      » 4. Exemplar mit kaum merklichem Wulste. (L. S.)
      » 5. Normales, breites Exemplar mit 4 Wulstrippen. (L. S.)
      » 6. Längliches Exemplar mit 2 Wulstrippen. (F. S.)
      » 7. Exemplar mit 3 Wulstrippen. (L. S.)
      » 8—9. Abnorm grosse Exemplare. (F. S.)
      » 10—11. Längliche Exemplare. (L. S.)
      » 12. Sehr bauchiges Exemplar mit 4 Wulstrippen. (L. S.)

Fig. 13. *Rhynchonella* nov. sp. Vergrössert.
Brevisschichten. Grigy bei Metz. (F. S.)

Fig. 14. *Rhynchonella furcillata* Theod. sp.
Diluvial. Mühlhausen, Unter-Elsass. (L. S.)

Fig. 15—18. *Rhynchonella scalpellum* Quenst. sp. Fig. 15 vergrössert.
Lias γ. Malroy bei Metz. (F. S.)

Fig. 19. *Rhynchonella furcillata* Theod. sp.
Diluvial. Mühlhausen, Unter-Elsass. (L. S.)

Fig. 20. Dieselbe.
Grosses Exemplar.
Davoeikalk. Haute-Bévoie bei Metz. (F. S.)

Fig. 21—22. *Rhynchonella oxynoti* Quenst. sp.
Numismalismergel. Oestringen bei Langenbrücken, Baden. (L. S.)

Fig. 23. *Rhynchonella acuta* Sow. sp.
Costatusschichten. Silzklamm bei Uhrweiler, Unter-Elsass. (U. S.)

Fig. 24—25. *Rhynchonella rimosa* Buch sp. Vergrössert.
Diluvial. Mühlhausen. Unter-Elsass. (L. S.)

Fig. 26—31. *Rhynchonella rostellata* Quenst. sp.
   Fig. 26—30. Exemplare von der Bévoie bei Metz. Davoeikalk. (F. S.)
     » 31. Exemplare von Solgne. Deutsch-Lothringen. Davoeikalk. (L. S.)

Fig. 32. *Rhynchonella*. Mittelform zwischen *Rhynchonella triplicata* Quenst. sp. und *Rhynchonella curviceps* Quenst. sp.
Davoeikalk. Bévoie bei Metz. (F. S.)

Fig. 33. *Rhynchonella curviceps* Quenst. sp.
Davoeikalk. Bévoie bei Metz. (L. S.)

Fig. 34. *Rhynchonella*. Mittelform zwischen *Rhynchonella triplicata* Quenst. sp. und *Rhynchonella curviceps* Quenst. sp.
Ebendaher. (F. S.)

Fig. 35. *Rhynchonella curviceps* Quenst. sp.
Typisches Exemplar.
Ebendaher. (F. S.)

Fig. 36. *Rhynchonella*. Mittelform zwischen *Rhynchonella triplicata* Quenst. sp. und *Rhynchonella curviceps* Quenst. sp.
Ebendaher. (F. S.)

Fig. 37. *Rhynchonella triplicata* Quenst. sp.
Typisches Exemplar mit 4 Wulstfalten.
Ebendaher. (F. S.)

Fig. 38—42. *Rhynchonella curviceps* Quenst. sp. Fig. 38 und 42 vergrössert.
Jugendformen.
Ebendaher. (F. S.)

Haas . d. Brachiopoden d . Juraf. v. Elsass -Lothringen .

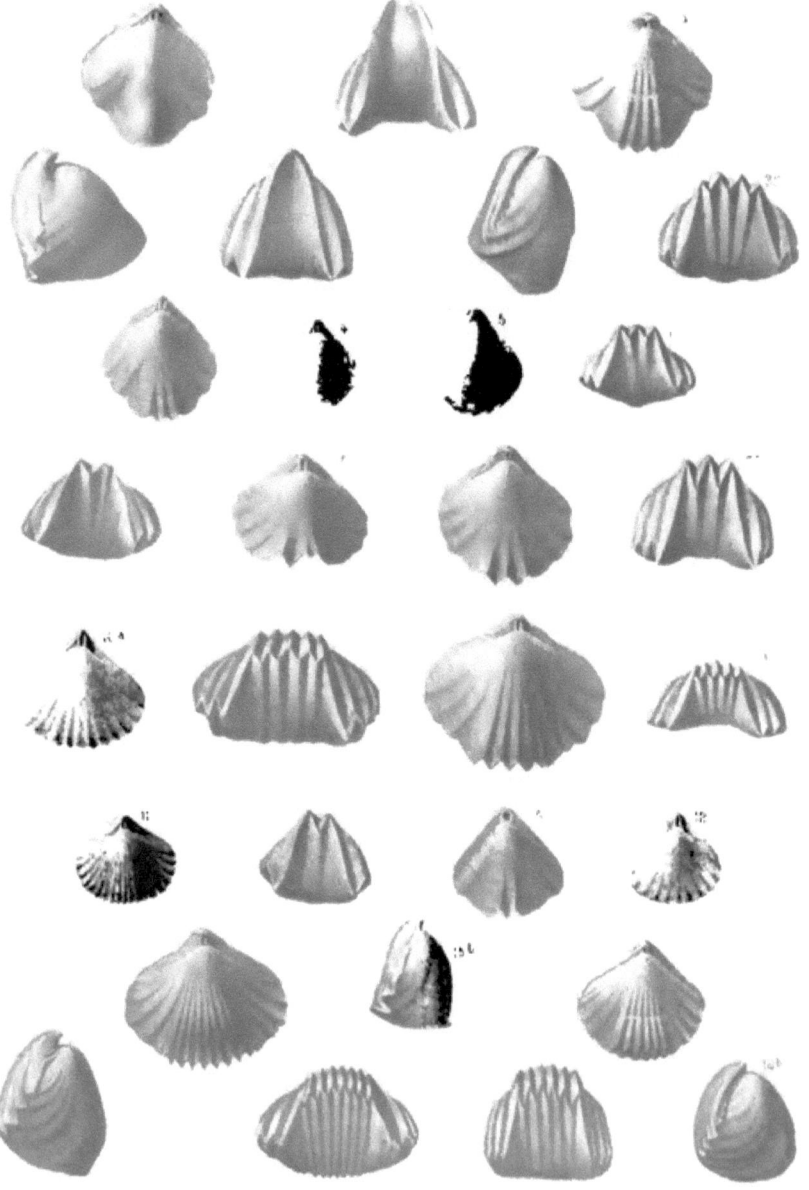

Taf. IV.

Mittlerer Lias.

Fig. 1—9. *Rhynchonella Beneckei* nov. sp.
  Fig. 1. Exemplar mit 1 Wulstrippe.
      Costatusschichten. Xocourt, Deutsch-Lothringen. (L. S.)
   „ 2. Exemplar mit 1 Wulstrippe.
      Die Einschnürung am Stirnrande der Wulstrippe zeigt deren Entstandensein
      aus der Rückbildung von 2 Wulstrippen.
      Ebendaher. (L. S.)
   „ 3. Typisches Exemplar mit 4 Wulstrippen.
      Ebendaher. (L. S.)
   „ 4. Sehr junges Exemplar.
      Ebendaher. (L. S.)
   „ 5—6. Weiter fortgeschrittene Jugendstadien.
      (Die Rippen sind bei diesen Figuren nicht weit genug gegen die Wirbelgegend
      hin gezeichnet.)
      Ebendaher. (L. S.)
   „ 7. Typisches Exemplar mit 3 Wulstrippen.
      (Auch hier sind die Rippen nicht genügend gegen die Wirbelgegend hin ge-
      zeichnet.)
      Ebendaher. (L. S.)
   „ 8. Exemplar mit 2 Wulstrippen, wovon eine gespalten ist.)
      (Die Wulstrippen sollten in Fig. 80a gleich hoch sein.)
      Mittlerer Lias.
      Mühlhausen, Unter-Elsass. (L. S.)
   „ 9. Exemplar mit 5 Wulstrippen.
      (Bei Fig. 9a tritt in der Zeichnung die 5. Wulstrippe rechts zu stark und bei
      Fig. 9b zu schwach hervor.)
      Costatusschichten. Xocourt, Deutsch-Lothringen. (L. S.)
Fig. 10—13. *Rhynchonella Rosenbuschi* nov. sp.
  Fig. 10. Jugendformen.
      Zeigt die unsymmetrische Gestaltung der Jugendformen dieser Spezies.
      Ebendaher. (L. S.)
   „ 11. Dieselbe.
      Kleine Form.
      Costatusschichten. Silzbrunnen bei Uhrweiler, Unter-Elsass. (L. S.)
   „ 12. Jugendstadium.
      Zeigt den Unterschied der Jungen dieser Spezies von denjenigen der *Rhyncho-*
      nella Beneckei nov. sp. gleicher Grösse.
      Ebendaher. (L. S.)
   „ 13. Typisches Exemplar.
      Costatusschichten. Xocourt, Deutsch-Lothringen. (L. S.)
Fig. 14. *Rhynchonella* cf. *Rosenbuschi* nov. sp.
  Der *Rhynchonella tetraëdra* Sow. sp. sich nähernde Form.
  Costatusschichten. Uhrweiler, Unter-Elsass. (L. S.)
Fig. 15. *Rhynchonella Steinmanni* nov. sp.
  Costatusschichten. Athus in Belgien. (L. S.)

Haas, d. Brachiopoden d. Juraf. v. Elsass - Lothringen.

Taf. V.

Unterer, mittlerer und oberer Dogger.

Fig. 1. *Rhynchonella* cf. *Forbesi* DAVIDSON. Vergrössert.
Oberer Hauptrogenstein. Wolxheim, Unter-Elsass. (S. S.)

Fig. 2. *Rhynchonella Davidsoni* CHAPUIS et DEWALQUE. Vergrössert.
Korallenkalk. Longwy, Meurthe-et-Moselle. (L. S.)

Fig. 3. *Rhynchonella* cf. *angulata* SOW. sp.
Murchisonaeschichten, Oberregion. St. Quentin bei Metz. (L. S.)

Fig. 4—5. *Rhynchonella lotharingica* nov. sp. und *Rhynchonella Edwardsi* CHAPUIS et DEWALQUE.
  Fig. 4. Jugendformen.
    Mergel von Gravelotte. Vernéville bei Metz. (L. S.)
  » 5. Junges bauchiges Exemplar.
    Mergel von Gravelotte. Génivaux, Deutsch-Lothringen. (L. S.)

Fig. 6. *Rhynchonella*. Mittelform zwischen *Rhynchonella lotharingica* nov. sp. und *Rhyncho-nella Edwardsi* CHAPUIS et DELWALQUE.
Ebendaher. (L. S.)

Fig. 7—9. *Rhynchonella lotharingica* nov. sp.
Jugendstadien.
Ebendaher. (L. S.)

Fig. 10. *Rhynchonella* cf. *Davidsoni* CHAPUIS et DEWALQUE. Vergrössert.
Korallenkalk. Longwy, Meurthe-et-Moselle. (L. S.)

Fig. 11—12. *Rhynchonella Pallas* CHAPUIS et DEWALQUE.
  Fig. 11. Typisches Exemplar.
    Humphresianusschichten. Roppe bei Belfort. (L. S.)
  » 12. Abnorm grosses und bauchiges Exemplar.
    Korallenkalk. Saulny bei Metz. (F. S.)

Fig. 13. *Rhynchonella Weigandi* nov. sp. Vergrössert.
Murchisonaeschichten, Oberregion. Monvauxthal bei Metz. (L. S.)

Fig. 14. *Rhynchonella parvula* DESLONGCHAMPS. Vergrössert.
Korallenkalk. Lorry, Deutsch-Lothringen. (L. S.)

Fig. 15. *Rhynchonella Edwardsi* CHAPUIS et DEWALQUE.
Mergel von Gravelotte. Vernéville bei Metz. (L. S.)

Fig. 16. *Rhynchonella*. Mittelform zwischen *Rhynchonella lotharingica* nov. sp. und *Rhyncho-nella Edwardsi* CHAPUIS et DEWALQUE.
Ebendaher. (L. S.)

Fig. 17. *Rhynchonella lotharingica* nov. sp.
Typisches Exemplar.
Mergel von Gravelotte. Génivaux, Deutsch-Lothringen. (L. S.)

Fig. 18. *Rhynchonella*. Mittelform zwischen *Rhynchonella lotharingica* nov. sp. und *Rhyncho-nella Edwardsi* CHAPUIS et DEWALQUE.
(Die Wulstrippen sollten bei Fig. 18c ungleich hoch sein.)
Ebendaher. (L. S.)

Haas, d. Brachiopoden d. Juraf. v. Elsass - Lothringen.

Oberer Dogger.

Fig. 1—2. *Rhynchonella badensis* OPPEL.
   Originalexemplare OPPEL's.
   Cornbrash. Vögisheim, Baden.
   (Im Besitz der kgl. Universitäts-Sammlung zu München.)

Fig. 3—4. *Rhynchonella concinna* SOW. sp.
   Fig. 3. Exemplar von Hagéville, Meurthe-et-Moselle.
      Varianschichten. (L. S.)
   » 4. Exemplar von Ederschwyler im Berner Jura.
      Varianschichten. (G. S.)

Fig. 5. *Rhynchonella Crossi* WALKER. Vergrössert.
   Humphresianuschichten. Baatberg bei Buchsweiler, Unter-Elsass. (L. S.)

Fig. 6. *Rhynchonella tenuispina* WAAGEN. Vergrössert.
   Sowerbyischichten. Rozériculles bei Metz. (L. S.)

Fig. 7—9. *Rhynchonella spinosa* SCHL. sp.
   Fig. 7. Jugendform. Vergrössert.
      Von gleicher Grösse, wie Fig. 5 und 6 zeigt sie den Unterschied dieser Spe-
      zies im Jugendstadium mit den ausgewachsenen und gleich grossen Exem-
      plaren der beiden vorhergehenden Arten.
      Varianschichten. Wartenberg bei Muttenz, Baseler Jura. (G. S.)
   » 8. Ausgewachsenes und längliches Exemplar.
      Varianschichten. Metzerlen, Berner Jura. (G. S.)
   » 9. Ausgewachsenes und breites Exemplar.
      Varianschichten. Pfirt, Ober-Elsass. (L. S.)

Fig. 11—13. *Rhynchonella varians* SCHL. sp.
   Fig. 11. Abnormes Exemplar. Vergrössert.
      Varianschichten. Roppe bei Belfort. (L. S.)
   » 12. Längliches Exemplar. Vergrössert.
      Varianschichten. Pfirt, Ober-Elsass. (L. S.)
   » 13. Breites Exemplar. Vergrössert.
      Ebendaher. (L. S.)

Fig. 14—15. *Rhynchonella varians* SCHL. sp. Variatio oolithica.
   Hauptrogenstein. Buchsweiler, Unter-Elsass. (L. S.)
   Fig. 14. Ausgewachsenes Exemplar.
   » 15. Jugendform.

Taf. VII.

Dogger und Malm.

Fig. 1—2. *Rhynchonella Kirchhoferi* nov. sp. Vergrössert.
Unterer Korallenkalk, Bernouilliischichten. Côte de la Rique bei Lorry, Deutsch-Lothringen. (L. S.)
Fig. 1. Ausgewachsenes Exemplar.
» 2. Jugendform.

Fig. 3. *Rhynchonella acuticosta* ZIETEN (HEHL) sp.
Bajocien (Zone à Ammonites Sowerbyi et Ammonites Humphresianus. GREPPIN, Jura bernois. pag. 33.) Schauenburg, Berner Jura. (G. S.)

Fig. 4. *Rhynchonella Kirchhoferi* nov. sp. Vergrössert.
Jugendform.
Unterer Korallenkalk, Bernouilliischichten. Côte de la Riquo bei Lorry, Deutsch-Lothringen. (L. S.)

Fig. 5. *Rhynchonella Pallas* CHAPUIS et DEWALQUE.
Jugendform.
Korallenkalk. Norroy-le-Veneur, Deutsch-Lothringen. (L. S.)

Fig. 6—7. *Rhynchonella Andreae* nov. sp. Vergrössert.
Korallenkalk. Plappeville bei Metz. (S. S.)
Fig. 6. Jugendform.
» 7. Ausgewachsenes Exemplar.

Fig. 8—11. *Rhynchonella obsoleta* Sow. sp.
Fig. 8—9. Jugendformen.
Korallenkalk. Norroy-le-Veneur, Deutsch-Lothringen. (F. S.)
» 10. Ausgewachsenes Exemplar.
Mergel von Longwy, Moyeuvre, Deutsch-Lothringen. (L. S.)
» 11. Halbausgewachsenes Exemplar.
Mergel von Longwy. Longwy, Meurthe-et-Moselle. (L. S.)

Fig. 12. *Rhynchonella*. Mittelform zwischen *Rhynchonella obsoleta* Sow. sp. und *Rhynchonella ßdensis* OPPEL.
Variansschichten. Charey, Meurthe-et-Moselle. (L. S.)

Fig. 13. *Rhynchonella* cf. *triplicosa* QUENST. sp.
Callovien. Cluse zwischen Ettingen und Blauen, Berner Jura (G. S.)

Fig. 14—17. *Rhynchonella Thurmanni* VOLTZ.
Fig. 14. Ausgewachsenes Exemplar.
Terrain-à-chailles. Pfirt, Ober-Elsass. (L. S.)
» 15—16. Jugendformen.
Terrain-à-chailles. Grellingen, Berner Jura. (G. S.)
» 17. Aufgebrochenes, mit Salzsäure geätztes Exemplar, das Brachialgerüst zeigend.
Terrain-à-chailles. Pfirt, Ober-Elsass. (L. S.)

Fig. 18. *Rhynchonella acarus* MERIAN. Vergrössert.
Terrain-à-chailles. Noirmont, Berner Jura. (L. S.)

Fig. 19. *Rhynchonella lotharingica* nov. sp. Vergrössert.
Hauptrogenstein. Movelier, Berner Jura. (G. S.)

Fig. 20. *Rhynchonella*. Mittelform zwischen *Rhynchonella lotharingica* nov. sp. und *Rhynchonella badensis* OPPEL.
Ebendaher. (G. S.)

Fig. 21—22. *Rhynchonella*. Mittelformen zwischen *Rhynchonella angulata* Sow. sp. und *Rhynchonella varians* SCHL. sp. Vergrössert.
Variansschichten. Charey, Meurthe-et-Moselle. (L. S.)

Fig. 23. *Rhynchonella* cf. *varians* SCHL. sp. Vergrössert.
Abnormes Exemplar mit gespaltenen Rippen.
Variansschichten. Pfirt, Ober-Elsass. (L. S.)